W0331241

Peter Lehmann Antipsychiatrieverlag Berlin

Kerstin Kempker

Teure Verständnislosigkeit

Die Sprache der Verrücktheit
und die Entgegnung der Psychiatrie

Mit einem Nachwort von Thilo von Trotha

Peter Lehmann Antipsychiatrieverlag Berlin

Nachwort von Thilo von Trotha: Auszüge aus »Die Kampfschrift und das Schreibspiel — Betrachtungen zu Kerstin Kempkers Buch *Teure Verständnislosigkeit — Die Sprache der Verrücktheit und die Entgegnung der Psychiatrie*«, in: »Renntag im Irrgarten — Beiträge zur labyrinthischen Situation 3«, Hrsg. Wolfgang Fehse und Klaus Wehmeier, Berlin: Labyrinth Verlag 1991, S. 139 - 148.

Die Deutsche Bibliothek — CIP-Kurztitelaufnahme
Kempker, Kerstin:
Teure Verständnislosigkeit: die Sprache der Verrücktheit und die Entgegnung der Psychiatrie / Kerstin Kempker.
Mit einem Nachw. von Thilo von Trotha. — Berlin: Lehmann, Antipsychiatrieverl., 1991
ISBN 3-925931-04-X

Satz und Umbruch: Satzwerkstatt München
Umschlagzeichnungen: Birgit Kempker, Basel
Druck: Fuldaer Verlagsanstalt GmbH, Fulda

Peter Lehmann Antipsychiatrieverlag Berlin 1991

© by Kerstin Kempker
Alle Rechte vorbehalten.

Anfragen wegen (auch auszugsweiser) Nachdruckgenehmigungen bitte richten an:
Peter Lehmann Antipsychiatrieverlag
Peschkestr. 17
1000 Berlin 41

ISBN 3-925931-04-X

Inhalt

Einleitung

Wie und zu welchem Zweck bekommt man in unserer Gesellschaft Verrücktheit in den Griff? Welche Funktion erfüllt die Institution Psychiatrie, egal ob unter fortschrittlichem Mäntelchen oder unverhohlen traditionell? Welcher Sprache bedient sie sich? Mit welchen Mitteln tritt sie verrücktem Sein gegenüber? *Sprache und Macht* beschäftigt sich mit der Entgegnung der Psychiatrie auf Verrücktheit, d.h. auf die Sprache von Menschen, die sich von dem ihnen zugewiesenen Platz weg verrückt haben oder verrückt worden sind.

Wenn, wie der englische 'Anti-Psychiater' David Cooper in der *Vorwarnung* zu seinem Buch *Die Sprache der Verrücktheit. Erkundungen ins Hinterland der Revolution* (1978) schreibt, die Verrücktheit ein *gemeinsamer sozialer Besitz* ist, *der uns gestohlen wurde* und den wir uns *politisch wiederaneignen* müssen (Cooper 2, S. 9), dann wird deutlich, daß Thema nicht die Behandlung, Wiederherstellung, Erziehung, Bestrafung, Ausschaltung oder *Unterdrückung der armen anderen* (ebd., S. 7) sein kann,

> *denn sonst gehörten wir ja zu jenen hochgelobten 'professionellen Befreiern* anderer *Menschen': gewissen Psychiatern, Priestern, Sozialarbeitern, Lehrern usw. (ebd.).*

Vielmehr interessiert mich die Frage der Funktion psychiatrischer Ausgrenzung. Welche Ängste schürt verrücktes, unbegreifliches und unberechenbares Verhalten, daß mit einem solch massiven Aufgebot, wie es die 'totale Institution' Psychiatrie im Pakt mit der Jurisprudenz ist, darauf reagiert werden muß? Was befugt Psychiater und Psychiaterinnen, hinter Diagnosenschlüsseln verschanzt und bewaffnet mit Psychopharmaka, das Monopol auf die Zuständigkeit für Krisen und andere störende Lebensweisen zu beanspruchen?
Die Antwort der Gesellschaft auf stark normverletzendes Verhalten lautet: Psychiatrie. Und diese reagiert auf die steigende 'Nachfrage' mit einem immer umfangreicheren 'Angebot' ihres pseudomedizinischen und stigmatisierenden Instrumentariums. Es geht um das Gegenüber von zwei extrem Ungleichartigen und Ungleichgewichtigen: Der Psychiatrie, einer großen, fest verankerten und gut vernetzten, gesellschaftlich nachgefragten und mit fast allen denkbaren Rechten versehenen Institution mit der Aura der Wissenschaftlichkeit, steht die Verrücktheit gegenüber, ein besonderer (oder 'absonderlicher'), weder von der Gemeinschaft noch von der in ihr geltenden

Realität legitimierter Geistes- oder Gemütszustand eines einzelnen, vereinzelten und sich vereinzelnden Menschen.

Eine Entgegnung ist eine Form der Antwort, die das Wort des Gegenübers zu entkräften sucht. Sei ihre Absicht auch 'die beste', besserwissend oder rechtfertigend, immer hält sie den anderen auf Distanz. Begegnung hieße statt dessen, mit dem Gegenüber einen gemeinsamen Anhalts- oder Angriffspunkt zu finden. Nicht im Sinne eines Kompromisses oder des kleinsten gemeinsamen Nenners, sondern in dem Bemühen, den Anderen aus der so entstandenen (relativen) Nähe genauer wahrzunehmen, auch wahrgenommen zu werden; ein Für-wahr-Nehmen. Warum wird diese Begegnung so vehement vermieden?

In *Sprache im Niemandsland* sind es insbesondere literarische Texte, die andere Möglichkeiten des Denkens, Fühlens und Ausdrucks wagen und so die herrschende Auffassung von Wirklichkeit relativieren. Hier geht es um die Annäherung an Wirklichkeit über die Sprache, Sprache im weitesten Sinne, aber auch Schaffung von Wirklichkeit durch Sprache, ihre Begrenzung und Legitimation, Sprache als Grenze und als Medium. Genauer geht es um die verrückte Sprache: die fremde, normübertretende, vereinzelte, auf den ersten Blick nicht zu verstehende. Der ausgrenzenden Macht der psychiatrischen Sprache steht die grenzüberschreitende Kraft der 'psychotischen' Sprache und Symbolik gegenüber. Zwei Fragen drängen sich auf: Was veranlaßt Menschen, verrückt zu werden? Was veranlaßt Menschen, nicht verrückt zu werden? Besonders die zweite, weniger häufig gestellt, interessiert mich. Wie sieht die nicht normierte, nicht demokratisch abgesegnete, aber dennoch erfahrene andere individuelle Wirklichkeit aus? Wie wird sie wahrgenommen, in welcher Sprache ist sie mitteilbar? Wo liegt der Unterschied zwischen denen, die sie sich zunutze machen können, künstlerisch-avantgardistisch oder witzig-eigenbrötlerisch, die ihre Geister auf Papier bannen und sich ihrer indirekt ent-äußern, und denen, die keine gleichzeitig adäquate und anerkannte Form der Äußerung finden oder suchen?

Wie aus dem bisher Gesagten abzulesen, schlage ich mich hier gezielt auf die Seite der Verrücktheit, des Wahnsinns, der Grenz-Überschreitung (von dieser Seite aus) oder Grenz-Übertretung (von der anderen Seite aus). Die Verrücktheit als genau begrenz- und beschreibbares Etwas gibt es nicht; sie dient als Sammelbegriff oder *catch-all-phrase* (Foudraine) für eine Vielfalt von extrem verschiedenartigen Ausdrucksformen des Lebens, die nur die (starke)

Normabweichung eint. Deshalb werde ich die Sprache der Verrücktheit zwar einseitig, aber auf dieser einen Seite aus den unterschiedlichsten Blickwinkeln betrachten.

In welcher Sprache kann die verrückte, ausufernde Sprache besprochen werden? Die Metasprache (die wissenschaftliche, terminologische Beschreibung der natürlichen Sprache) scheint voreingenommen — was ist schon natürlich? —, der Blick von oben gewährt 'nur' die Auf-Sicht. Angemessener ist der Blick von der Seite, vielen Seiten. Er läßt dem Objekt seine Größe, verzerrt weniger. Dieser Blick findet sich am ehesten in der analogischen, bildhaft-vergleichenden Sprache, in der Sprache der Dichtung, der Kunst.

> *Literatur und Dichtung sind meines Erachtens näher an der menschlichen Realität als etwa die psychologische Forschung. Diese orientiert sich viel zu stark am Mythos der 'Realität', am Mythos der daraus resultierenden Machtstrukturen (Gruen, S. 12).*

Wenn Normalität und Verrücktheit sich zueinander verhalten wie Duden und Dichtung, wenn außerdem

> *die Wortwelt in Relation zur Erfahrungswelt ... wie 'eine Landkarte zu dem Gebiet steht, das sie repräsentieren soll' (zit.n. Foudraine, S. 326),*

dann wird die Unzulänglichkeit der wissenschaftlichen Sprache deutlich, aber auch die von Sprache überhaupt. Ich bin sehr bald auf

> *die schwierigkeit, mit eben dieser sprache sprache überführen zu wollen (Kollmann/Mattheus, S. 9),*

gestoßen und entwickelte immer größere Vorbehalte gegen die Sprache *über* die Unvernunft. Ergiebiger waren die (wenigen) Stellen, wo Psychiater die 'Schizophrenen' selber zu Wort kommen lassen. Mehr noch waren es aber die Texte von SchriftstellerInnen, die — wie Antonin Artaud, Unica Zürn, Robert Walser — rücksichtslos gegen sich selbst als Grenzgänger zwischen der Welt der Normalität und der des Wahnsinns gelebt haben. Daneben wurden mir andere AutorInnen — wie Ingeborg Bachmann, Paul Celan — wichtig, weil sie in ihrem Werk auf der Grenzlinie zwischen dem eben noch Sagbaren und dem nicht mehr Mitteilbaren das gefährdete Gleichgewicht immer wieder ausbalancierend zum Thema machen.

> *Die Scherbe ist das stärkere Bild des verlorenen Gefäßes als die vollständige Kopie, das Fragment redet vom Ganzen mit der Stimme der Wahrheit, auch wenn sie schmerzhaft ist (Muschg, S. 140).*

Der Text versucht die '(De-)Komposition' mehrerer Stimmen zu einem Thema. Dissonante Klänge, im Thema vorgegeben, variieren dieses, manchmal fast un-erhört. Es sollen, ohne viel vordergründig-erklärenden 'Kitt', die Stimmen beim Wort genommen werden. Aus Quellen unterschiedlichster Herkunft lasse ich originale Stimmen sprechen, wobei meine Stimme weniger etwas über die anderen aussagt als durch sie und ihre Zuordnung im Text.

Als 'Leitmotiv' lasse ich dabei Ingeborg Bachmanns unvollendeten Roman *Der Fall Franza* aus dem Zyklus *Todesarten* durch den Text ziehen:

> *Eine junge Frau flieht aus ihrer Ehe mit einem prominenten Wiener Psychiater. Ihr jüngerer Bruder findet sie in dem verlassenen elterlichen Haus in Kärnten und nimmt sie mit auf eine Reise nach Ägypten und in den Sudan. Dort, in der Wüste, erfahren wir Stück für Stück die Wahrheit über eine mörderische Ehe und über Verbrechen, die so sublim sind, 'daß wir sie kaum wahrnehmen und begreifen können, obwohl sie täglich in unserer Umgebung, in unserer Nachbarschaft begangen werden.' Als die wirklichen Schauplätze des Dramas erweisen sich die 'inwendigen': 'Einmal in dem Denken, das zum Verbrechen führt, und einmal in dem, das zum Sterben führt' (in: Bachmann 1, S. 1).*

Franza verliert in dem Maße, wie sie von ihrem Mann *mit der scheinbar analytischen Rede überzogen wird* (Schuller, S. 151), ihre eigene Sprache.

> *Er hetzte mich hinein in einen Fall (Bachmann 1, S. 73),*

sagt Franza zu ihrem Bruder. In der Wüste,

> *in der großen Gummizelle aus Himmel, Licht und Sand (ebd., S. 84),*

von der anderen Seite ihrer Wirklichkeit her,

> *in der einzigen Landschaft, für die Augen gemacht sind (ebd., S. 93),*

sieht sie der Wahrheit ihres Lebens ins Auge. Die Wüste, das Niemandsland, ist als freier, noch unbesetzter Ort der Ort der Erkenntnis, aber auch als Symbol der inneren Verwüstung *unverlaßbar* (ebd., S. 83). Diese Reise,

> *nicht durch die Wüste, sondern durch eine Krankheit (ebd., S. 100),*

ist auch eine weibliche Reise in die Erkenntnis, selbst niemand (gewesen) zu sein, keinen eigenen Namen zu haben und es dahin auch nicht mehr bringen zu können.

> *Die metaphorische, aber sehr wirksame Ermordung unserer Mörder (Cooper 2, S. 10),*

wie sie Cooper als

> *eine der wirksamsten Waffen der Gegengewalt* durch *unsere persönlich-kollektive Poesie, unser Werk (poësis) (ebd.)*

empfiehlt, ist Franza nur noch — wenig wirksam — in einem Akt der Selbstzerstörung möglich:

Ihr Denken riß ab, und dann schlug sie, schlug mit ganzer Kraft, gegen die Wand in Wien und die Steinquader in Gizeh und sagte laut, und da war ihre andere Stimme: Nein. Nein. (Bachmann 1, S. 135)

Auf die Parallelen: Sprache der Macht — männliche Sprache, Sprache im Niemandsland — weibliche Sprache möchte ich hier nur hinweisen. Sie schlagen sich indirekt nieder in der Verteilung der AutorInnen zum Thema: Während die wissenschaftlichen und philosophischen Äußerungen fast alle von Männern stammen, sprechen die Frauen eher in der Dichtung.

'Stimmenhören':

Dieser Starrsinn des Denkens ... VOR DEM DENKEN (Artaud 2, S. 79):
Ich glaube nicht, daß man Psychoanalytiker sein kann, ohne daß man die Bandwürmer kennt (zit.n. Foudraine, S. 346).
Man muß sich fragen, ob der Psychiater, der menschlichen und existentiellen Problemen mit seiner medizinischen Sprache begegnet, nicht die Sicht auf die Probleme verliert ..., ob die medizinische Sprache und Kultur ihm nicht Denkformen, Weisen der Begriffsbildung aufdrängen und ihn die Wirklichkeit, der er begegnet, dermaßen verzeichnen lassen, daß er nicht zu den richtigen Fragestellungen und ebensowenig zu einer richtigen Definition der Probleme vordringt (Foudraine, S. 325).
Man muß begreifen, daß der Verstand nur eine gewaltige Eventualität ist (Artaud 2, S. 82).
Wenn wir neue Erkenntnis gewinnen wollen, dann müssen wir uns eine Welt neuer Fragen stellen (zit.n. Foudraine, S. 304).

Spreche und Macht

Normalität und Wahnsinn — Grenzziehungen

Unter der Überschrift *Sprache und Macht* soll es mit dem Anfang beginnen:

Im Anfang war das Wort (Johannes 1,1)

und mit der Frage, ob dem so ist, d.h. ob der Besitz der Sprache,

das Exklusivrecht an der Grammatik der Zeichen (Basaglia-Ongaro, S. 228),

Macht oder ob Macht Sprache macht. Wenn die Wörter die Dinge schaffen, die Be- und Zuschreibungen die Zustände, dann ist der erste Schritt der Macht gegenüber dem Anderen dessen Definition. Definieren (lat. finis: die Grenze) heißt abgrenzen, Grenzen markieren. Es heißt auch, sich durch die Beschreibung des anderen selbst Kontur geben. Konkret bedeutet es hier, die Normalität, dieses große, gesichtslose (Et-)Was, zu begrenzen durch die Abgrenzung gegen das Nicht-Normale.

Das ist der pure Wahnsinn ... sie ist irrsinnig schön ... einfach irre ... toll ... ich glaub', ich werd' verrückt ... spinnst du? ... ich bin verrückt nach dir ...

— dies sind einige von vielen sprachlichen Wendungen, mit denen das Außerordentliche einer Situation oder einer Empfindung umrissen wird. Täglich von uns in verschiedensten Zusammenhängen und äußerst vielseitig — beleidigend, bewundernd, als Ausdruck von Ratlosigkeit oder höchstem Glück — verwendet, füllen sie oft die Lücke, wo die Worte fehlen.
In der zeitgenössischen Literatur und dem sich fortschrittlich-zeitgemäß gebenden Denken erfahren die Verrücktheit und ihre Synonyme eine (oft unkritische) Aufwertung; mit ihnen assoziiert sich die lebendige, facettenreiche, authentische Persönlichkeit (s. Anz 1).
Das Gegenstück, das Normale, ist das Alltägliche, Reduzierte, Abgeschliffene, Selbstverständliche. Etwas ist *ganz normal ... wie immer ... wie gehabt ... so lala ...* damit auch uninteressant, nicht erwähnenswert. Es geschieht ohnehin, ist der unauffällige, weil nicht mehr in Frage gestellte Lauf der Dinge, all das, was dem (oder zum) Denken keinen Anlaß gibt.

Zunächst möchte ich diesem allgemeinen Sprachgebrauch die psychiatrische Version gegenüberstellen und ihre gesellschaftliche Funktion betrachten. Auf der einen Seite steht ein Berg von Definitionen und Klassifikationen von Verrücktheit, psychiatrisch gesprochen von der Schizophrenie als einer psychotischen Erkrankung. Auf der anderen Seite liegt ein Häuflein weniger, kaum zufriedenstellender Versuche, Normalität, medizinisch die Gesundheit, begrifflich mit Leben zu füllen.

Jan Foudraine, holländischer kritischer Psychiater und Analytiker, der unter anderem vier Jahre in der Chestnut-Lodge-Klinik bei Washington arbeitete, wo (reiche) 'Schizophrene' psychoanalytisch therapiert wurden, machte dort die Erfahrung der grundsätzlichen Verstehbarkeit verrückten Seins:

> *Ich entdeckte den Sinn in ihrem 'Unsinn', den Sinn von Wahnvorstellungen, Halluzinationen, der Abwehr jeden menschlichen Kontakts ... (Foudraine, S. 11).*

Gleichzeitig mit dieser Erkenntnis

> *bekam* (er) *einen regelrechten Ekel vor dem Botanisieren von 'Geisteskrankheitsbildern' (ebd., S. 11f.).*

Wie der französische Strukturalist und Philosoph Michel Foucault beschreibt auch David Cooper die Funktion des psychiatrischen Klassifizierens und Diagnostizierens:

> *Die von der Psychiatrie verübte Gewalt läßt sich nur aufgrund ihres fundamentalen Dogmas verstehen: wenn du nicht verstehst, was ein anderer tut, dann 'diagnostiziere' ihn! (Cooper 2, S. 89).*
>
> *So ... erlangt er* (der Wahnsinn) *in diesem analytischen Bewußtsein die Ruhe des Wohlbekannten ... gehört er mit vollem Recht dem Blick, der ihn beherrscht ... er birgt keine Gefahr mehr, impliziert nicht länger die Trennung; er verlangt sogar keinen größeren Abstand als jedes andere Erkenntnisobjekt. Diese Bewußtseinsform begründet ein objektives Wissen vom Wahnsinn (Foucault 1, S. 161).*

Der Wahnsinn, wo er eingeschätzt wird als nicht nachvollzieh- und nicht vorhersehbar, der Logik und damit (!) dem menschlichen Kontakt nicht zugänglich, ist eine Bedrohung. Er muß benannt, eingeordnet und auf diesem Wege von der Ordnung wieder erfaßt werden. Denn, so sagt der amerikanische Psychiater und Bekämpfer der Zwangspsychiatrie Thomas S. Szasz:

> *So schwierig es auch sein mag, Dinge zu klassifizieren und besonders, sie richtig zu klassifizieren, noch schwieriger ist es, Dinge nicht zu klassifizieren (Szasz, S. 371).*

'Schizophrenie' — was ist das?

Das Wort kommt aus dem Griechischen — schizo: zerrissen, und phrenia: Bremse, Vernunft, Grenze — und kann übersetzt werden mit Spaltungsirresein.

'Schizophrenie' ist
der *repräsentativste Bereich des Wahnsinns* (Cooper 1, S. 26),
ein Wort (Szasz[1]),
eine *Erfindung* (Szasz, S. 10) des Psychiaters Eugen Bleuler von 1911[2],
eine *medizinische Metapher* (so der amerikanische Soziologe Thomas J. Scheff, S. 24),
ein *Krankheitskonstrukt* (*Diagnosenschlüssel* der WHO),
ein *Urteil* (so die italienische Reformpsychiaterin Franca Basaglia-Ongaro, S. 119),
ein *Stigma* (Goffman 2),
eine *Grenzsituation von Existenz* und eine *Auseinandersetzung mit dem Leben* (sagt der Schweizer Psychiater und Analytiker Gaetano Benedetti, S. 20/14),
eine *Gehirnkrankheit*[3],
ein gewaltiger Gegner lt. Emil Kraepelin, dem Begründer der nosologischen[4] Psychiatrie, der 1916 in seiner *Einführung in die psychiatrische Klinik* ausführte:

> *Nur ein gewisser Teil der ungeheilten Kranken geht rasch zugrunde; die große Masse aber lebt blöde und hilflos jahrzehntelang fort und stellt eine für Familien und Gemeinden alljährlich wachsende Last dar, deren Wirkungen tief in unser Volksleben eingreifen ... Wenn auch die Grenzen*

1 *Warum*, fragen die Verfasser in einer von Szasz zitierten Studie der WHO (Weltgesundheitsorganisation), *ist der Begriff der Schizophrenie überhaupt notwendig?* Sie beantworten die eigene Frage folgendermaßen: *Erstens, weil wir den Terminus haben. Das Wort Schizophrenie hat so weite Verbreitung gefunden, daß es notwendig ist, eine praktikable Definition davon zu besitzen, um die öffentliche Diskussion über Schizophrenie in vernünftigen Grenzen zu halten* (zit.n. Szasz, S. 47).

2 Bleuler setzt in seinem Buch *Dementia praecox oder Gruppe der Schizophrenien* (1911) für die von Emil Kraepelin 1898 eingeführte Bezeichnung Dementia praecox ('vorzeitige Verblödung') das neue Wort Schizophrenie ein.

3 *Geisteskrankheiten sind Gehirnkrankheiten* (Wilhelm Griesinger): das Credo des orthodoxen psychiatrischen Denkens

4 Nosologie ist die systematische Beschreibung der Krankheiten.

seiner (des Arztes) *Macht gegenüber dem gewaltigen Gegner sehr eng sind ... Hüten wir uns, hüten Sie sich, junge Ärzte, die Sie mir zuhören,* warnte Kraepelin, *der Wahnsinnige ist gefährlich und wird es bis zu seinem Tode bleiben, der leider nur selten rasch eintritt! (Kraepelin 1, S. 3)*

Und heute? Oberstes Ziel der deutschen Psychiatriereform, formuliert in der Psychiatrie-Enquête 1975, ist die Gleichstellung des 'psychisch Kranken' mit dem körperlich Kranken. Für die Medizin, wie sollte es anders sein, ist die 'Schizophrenie' in jedem Fall eine Krankheit — egal ob alt oder neu, ob auf Erbschäden oder das soziale Umfeld zurückgeführt.

Der quasimedizinische nosologische Ansatz geht davon aus, daß es — eben weil man es mit einer Krankheit zu tun hat — Symptome und Anzeichen gebe, die an einer objektivierbaren, von ihrer menschlichen Umgebung zum Zwecke der Beobachtung (implizit oder explizit) abstrahierten Person wahrgenommen werden können, und ferner, daß diese Symptome und Anzeichen eine Diagnose nahelegen, die ihrerseits Prognose und Behandlung vorschreibt. Diese angebliche diagnostische Einheit muß per definitionem *eine Ursache haben; und hier schwanken die Meinungen — und zwar bei auffallend unsicherer Beweisgrundlage — zwischen biochemischer Anomalität, Virusinfektion, strukturellem Hirnschaden, konstitutionell-genetischem Ursprung ... und psychischen Ursachen (Cooper 1, S. 13).*

Auf den hypothetischen Charakter psychiatrischer Etikettierung, der nicht zuletzt darauf beruht, daß die somatische Grundlage der 'Schizophrenie' zwar endlos weitergesucht, aber partout nicht gefunden wird, komme ich im nächsten Kapitel zurück. Die Medizin stellt nicht nur falsche, sondern gefährliche Fragen. Aber, um ihrem Denken noch ein wenig zu folgen, wenn schon die Ursache im Dunkeln liegt, aus welchen Symptomen zimmert sie ihre Diagnose 'Schizophrenie', die sie zur Rechtfertigung ihrer 'Therapie' benötigt?

Die neunte Revision der ICD[1], 1975 von der WHO in Genf angenommen, ist die internationale Leitlinie für die klinische Diagnostik. In der deutschen Ausgabe des *Diagnosenschlüssels psychiatrischer Krankheiten,* herausgegeben im Auftrag der DGPN[2], heißt es zu

Psychosen (290 - 299): Psychiatrische Erkrankungen, in denen die Beein-

1 International Classification of Diseases (Internationale Klassifikation von Krankheiten)

2 Deutsche Gesellschaft für Psychiatrie und Nervenheilkunde; Foudraine spricht von einer *monströsen Verbindung* von Psychiatrie und Neurologie, *historisch gewachsen, aber logisch unhaltbar* (Foudraine, S. 38).

trächtigung der psychischen Funktionen ein so großes Ausmaß erreicht hat, daß dadurch Einsicht und Fähigkeit, einigen der üblichen Lebensanforderungen zu entsprechen, oder der Realitätsbezug erheblich gestört sind. Es handelt sich um keinen exakten oder genau definierten Begriff (Diagnosenschlüssel, S. 23).

Ist danach schon *psychotisch*, wer nicht einsieht, daß er *einigen der üblichen Lebensanforderungen* nicht genügt? Oder ist es, wer zwar allen *üblichen Lebensanforderungen* — aus *Einsicht* in die Notwendigkeit — entspricht, sich dabei aber auf eine *erheblich* andere als die maßgebende Realität bezieht? Zwischen den organischen Psychosen (wie Alkohol-, Drogen- und sog. senilen Psychosen) und den Neurosen (*psychische Störungen ohne jede nachweisbare organische Grundlage*, ebd., S. 49) stehen unter der ICD-Nr. 295 die sog. *schizophrenen Psychosen.* Zwar bleiben beim *Schizophrenen* lt. WHO

im allgemeinen klares Bewußtsein und intellektuelle Fähigkeiten erhalten (ebd., S. 34),

doch

wird das Denken vage, schief und obskur und der sprachliche Ausdruck oft unverständlich ... Der Affekt kann flach, launisch und unangepaßt sein (ebd., S. 35).

Steht dem *vagen* (fragenden?), *schiefen* (assoziativen?), *obskuren* (den Verhältnissen angemessenen?) 'schizophrenen' Denken das unbeugsame Stur-geradeaus-Denken des optimistischen 'Normalen' gegenüber? Wenn mit obskurem Denken (im Sinne von lat. obscurare: beschatten, verdunkeln) das Bedenken der Schattenseiten des Lebens gemeint ist, woran liegt es dann, daß den Psychiatern dieses *unverständlich* bleibt? Stehen sie zu weit im Licht? Und umgekehrt: Wie unverständlich bzw. unangemessen muß für einen Psychiatrisierten z.B. die euphemistische Wortschöpfung *Durchflutungstherapie* für Elektroschock sein? Wie definieren Psychiater, die ja Naturwissenschaftler sein wollen, ihre 'neutralen' Adjektive *flach, launisch und unangepaßt*? Heißt *flach*, daß der Tiefgang fehlt? Aber wehe: Zuviel davon hieße schon *Depression!* Heißt *launisch und unangepaßt*, daß die Stimmung wechseln kann und etwas sehr Persönliches ist?

Ich will hier nicht kleinlich 'jedes Wort auf die Goldwaage legen', sondern es sind eben diese bleischweren Worte, die — vom 'Spezialisten' benutzt — bei den (meisten) Erwägungen der Amtsrichter den Ausschlag geben. Die psychiatrischen Gesetze sind in allen Ländern nahezu identisch; das schweizerische Recht der Psychiater auf 'fürsorgerische Freiheitsentziehung' z.B. unterscheidet sich nur unwesentlich vom österreichischen 'Bundesgesetz über die Rechtsfürsorge für psychisch Kranke in Krankenanstalten' oder von den diversen deutschen Unterbringungsgesetzen. Am Beispiel des Berliner PsychKG (*Gesetz für psychisch Kranke* vom 8. März 1985) will ich die Definitionsgewalt des Wortes 'Schizophrenie' aufzeigen:

> *Psychisch Kranke im Sinne dieses Gesetzes sind Personen, die an einer Psychose, einer psychischen Störung, die in ihren Auswirkungen einer Psychose gleichkommt, oder einer mit dem Verlust der Selbstkontrolle einhergehenden Abhängigkeit von Suchtstoffen leiden und bei denen ohne Behandlung keine Aussicht auf Heilung besteht (§ 1 Abs. 2).*

Die Feststellung, ob Unterzubringende *psychisch krank* sind, also an einer *Psychose* oder an etwas in seinen Auswirkungen dieser Gleichkommendem leiden (natürlich leiden sie angesichts einer drohenden Zwangsunterbringung), und die Prognose, daß eine *Heilung ohne Behandlung* nicht zu erwarten ist, trifft der 'psychiatrische Fachverstand', meist auch noch der des behandelnden Anstaltsarztes. Abschließend noch einmal die WHO:

> *Die Diagnose Schizophrenie sollte nur gestellt werden, wenn charakteristische Störungen des Denkens, der Stimmung, des Verhaltens oder der Persönlichkeit vorhanden sind oder während des Krankheitsverlaufes vorhanden waren; wenigstens in zwei der genannten Gebiete sollen Störungen vorliegen (Diagnosenschlüssel, S. 34f.).*

Zwei *charakteristische Störungen*, und das tagessatzfinanzierte Psychiatrie'bett' ist belegt. Die langfristige Perspektive einer optimalen Kapazitätsauslastung ist mit dem unscheinbaren Satzteil: *oder vorhanden waren* gewährleistet ('schizophren' ist man lebenslang), denn, wie der französische Psychiater und Analytiker Roger Gentis feststellt:

> *Der Chroniker ist heute die Milchkuh der Anstalt: durch ihn kommt Geld ins Haus, eine richtige Rente, die vielleicht 50 Jahre lang gezahlt wird, und er kostet praktisch so gut wie nichts (Gentis, S. 82).*

Die moderne Sozialpsychiatrie setzt allerdings auf ein anderes 'Pferd', das Karussellpferd der Drehtürpsychiatrie, gesteuert und (zwischen den Anstaltsaufenthalten) ferngesteuert durch die Verabreichung von Neuroleptika[1], beaufsichtigt abwechselnd und möglichst lückenlos vom Anstalts- und vom Gemeindepsychiater[2].

1 Neuroleptika sind Psychopharmaka, die eine Neurolepsie (Verringerung des natürlichen Spannungsgrades des zentralen Nervensystems und der Psyche), in der Regel ein Parkinsonoid, Symptomen-Komplex der Schüttellähmung, hervorrufen (sollen) (s. Lehmann 1, S. 224ff.).

2 In der Irren-Offensive, einer Berliner Selbsthilfeorganisation Psychiatriebetroffener, in Anlehnung an den KOB (Kontaktbereichsbeamten) von der Polizei KOP (Kontaktbereichspsychiater) genannt.

Die Medizin, auch die psychoanalytische Variante, begreift Krankheit bzw. Leiden als individuellen Prozeß. Dagegen steht einmal das systemische Denken, das die Pathologie von familiären und anderen mikrogesellschaftlichen Beziehungen untersucht und durch Kollektivtherapie des pathogenen Familiensystems die Funktion des Symptomträgers entbehrlich zu machen sucht. Einen Schritt weiter bei dieser Sicht des 'kranken' Subjekts als dem *Ort eines fremden Diskurses* (Jaccard, S. 89) gehen bestimmte 'Anti-Psychiater' und Soziologen — wie Laing, Cooper, Scheff, Goffman —, für die die Konsequenzen aus der psychiatrischen Etikettierung gesamtgesellschaftliche Funktionen erfüllen. Laing schlägt vor, *geistige Gesundheit oder Psychose* zu messen

> *an dem Grad der Konvergenz zwischen zwei Personen, von denen die eine nach allgemeinem Konsensus als geistig gesund gilt (Laing 1, S. 31).*
> *'Psychotiker' ist der Name, den wir für die andere Person haben, die zu uns in einer trennenden Beziehung von besonderer Art steht. Nur wegen dieser interpersonalen Trennung fangen wir an, ihren Urin zu prüfen und nach Anomalien im Diagramm der elektrischen Aktivität ihres Gehirns zu suchen (ebd.).*

Cooper folgert daraus, daß Verrücktheit *nicht 'in' einem Menschen, sondern in einem Bezugssystem* ist:

> *Wenn Schizophrenie überhaupt etwas bedeutet, dann ist sie eine mehr oder weniger charakteristische Art gestörten Gruppenverhaltens. Es gibt keine Schizophrenen (Cooper 1, S. 43).*

Aber:

> *Auch wenn man die Existenz der Schizophrenie als einer nosologischen Entität skeptisch bezweifelt, so hat das Wort doch eine semantische Realität und ist auch Bezeichnung für eine bestimmte soziale Rolle (Cooper 2, S. 139).*

> *Geisteskranke sind Menschen, die in der Außenwelt irgendwelche Schwierigkeiten verursacht haben, so daß jemand, der ihnen physisch oder auch sozial nahestand, zu einer psychiatrischen Aktion gegen sie veranlaßt wurde (Goffman 1, S. 291),*

sagt der amerikanische Soziologe Erving Goffman. *Im streng soziologischen Sinn* gehört für ihn zu der Kategorie *Geisteskranker* jeder,

> *— wie robust seine seelische Verfassung auch sein mag —, der irgendwie in das Räderwerk einer psychiatrischen Klinik gerät (ebd., S. 128).*

Im Zusammenhang mit der Frage, wer in die Anstalt kommt und wer nicht, spricht Goffman von *Karriere-Zufällen* (ebd., S. 134):

> *Die offizielle Auffassung der Gesellschaft ist, daß Insassen von psychiatri-*

schen Kliniken in erster Linie dort sind, weil sie an einer Geisteskrankheit leiden. In dem Maße jedoch, wie die 'seelisch Kranken' außerhalb der Kliniken zahlenmäßig diejenigen in den Kliniken erreichen oder übertreffen, könnte man behaupten, daß die Geisteskranken nicht an seelischen Krankheiten, sondern an Zufällen leiden (ebd., S. 135).

Scheff bestätigt dies:

Im Verhältnis zum Anteil der behandelten psychischen Störungen ist der Anteil der unbekannten Verletzungen von Residualregeln extrem hoch (Scheff, S. 39).

Psychiatrische Symptome sind nach Scheff Verletzungen bestimmter sozialer

Normen, die für so selbstverständlich gehalten werden, daß sie nicht explizit verbalisiert werden. Wir nannten sie Residualregeln ... Und weil es sich von selbst versteht, sind wir ohne entsprechendes kulturelles Rüstzeug, um Verletzungen von Regeln dieser Art ohne Schwierigkeit einzuordnen (ebd., S. 30f.).

Die jeweilige Gruppenkultur stellt ein Vokabular zur Einordnung vieler Regelverletzungen bereit: Verbrechen, Perversion, schlechte Manieren sind geläufige Beispiele ... Wenn jedoch alle diese Kategorien erschöpft sind, bleibt immer noch ein Rest höchst verschiedenartiger Verletzungen, für welche die Kultur keine expliziten Bezeichnungen vorsieht ... Bei der Aufstellung solcher Fälle unbenennbarer und doch auffälliger Regelwidrigkeit faßt die Gesellschaft sie um der Einfachheit willen in Bausch und Bogen zu einer residualen Kategorie zusammen: etwa Zauberei, Besessenheit oder, in unserer Gesellschaft, psychische Störung (ebd., S. 26f.).

Der Kontext des 'symptomatischen' Verhaltens entscheidet über dessen Bewertung, oder:

Die 'korrekte' Art, wahnsinnig zu sein, unterscheidet sich also je nach Kultur (Jaccard, S. 32)

und auch je nach Subkultur, könnte man hinzufügen.

In der Wortbedeutung von Delirium (lat. aberrare de lira: von der Hauptfurche abweichen), dem *subjektiven Ausdruck des Wahnsinns* (Basaglia-Ongaro, S. 123), steckt, wie auch in verrückt, die Abweichung. Indem die Gesellschaft Abweichung feststellt und sanktioniert, legt sie — unter direkter (Kriminalisierung) oder indirekter (Psychiatrisierung) Androhung von Strafe — den Spielraum des Erlaubten fest. Wer diesen einmal übertreten hat, bleibt verdächtig, ist stigmatisiert. Ein Stigma ist ein Wund-Mal, ein bleibendes Zeichen. Jemanden stigmatisieren heißt ihn brandmarken, ihn für immer als einer bestimmten Gruppe zugehörig kenntlich machen (in der deutschen Geschichte finden sich die schrecklichsten Beispiele). Goffman stellt in seinem gleichnamigen Buch fest, daß der Terminus Stigma

in bezug auf eine Eigenschaft gebraucht (wird), *die zutiefst diskreditierend ist, aber es sollte gesehen werden, daß es einer Begriffssprache von Relationen, nicht von Eigenschaften bedarf (Goffman 2, S. 11).*

Ein Individuum, das leicht in gewöhnlichen sozialen Verkehr hätte aufgenommen werden können, besitzt ein Merkmal, das sich der Aufmerksamkeit aufdrängen und bewirken kann, daß wir uns bei der Begegnung mit diesem Individuum von ihm abwenden, wodurch der Anspruch, den seine anderen Eigenschaften an uns stellen, gebrochen wird. Es hat ein Stigma, das heißt, es ist in unerwünschter Weise anders, als wir es antizipiert hatten. Uns und diejenigen, die von den jeweils in Frage stehenden Erwartungen nicht negativ abweichen, werde ich die Normalen *nennen (ebd., S. 18).*

Das Bleibende des Stigmas wird deutlich daran, daß — auch wenn eine *Reparatur möglich* ist — das Ergebnis nicht etwa eine Befreiung vom Stigma ist,

sondern die Transformation eines Ich mit einem bestimmten Makel zu einem Ich mit dem Kennzeichen, einen bestimmten Makel korrigiert zu haben (ebd.).

Die Narbe, die Nahtstelle bleibt sichtbar, sie bleibt auch — das vervielfacht ihre Bedeutung — für den Stigmatisierten spürbar:

Aus der Nervenheilanstalt Entlassene fürchten sich zum Beispiel manchmal davor, sich mit Ehegatten oder Arbeitgebern in scharfe Auseinandersetzungen zu verwickeln, wegen ihres latenten Stigmas, für das es als Indiz gewertet werden könnte, wenn sie Emotionen zeigen (ebd., S. 25).

Wer einmal unvorsichtig genug lebte, um in der Psychiatrie zu landen, wird sich selbst lange Zeit (vielleicht immer) unter dem Aspekt beobachten, ob es 'wieder so weit' ist. Schlaflosigkeit, Unruhe, Trauer ... alles steht unter Verdacht; unbedarft darf nichts mehr geschehen. Dieser Teufelskreis verengt sich durch das Absetzen der Neuroleptika — oft noch 'gegen den Rat des Arztes' — weiter.

Das Etikett und Stigma 'Schizophrenie' wird denjenigen Menschen angeheftet bzw. 'eingebrannt', deren Abweichung vom Selbstverständlichen *(Residualregeln)* nicht geduldet wird, weil sie eben diesen unausgesprochenen Konsens in Frage stellt. Die Psychiater

geben vor, die Krankheiten des Seelenlebens feststellen zu können, indem sie eine wissenschaftliche Neutralität zur Schau stellen, und sie definieren Heilung als eine Rückkehr zu den harmonischen Beziehungen zu sich selbst und zur Umgebung. Damit solche Anmaßungen begründet wären, müßte es logischerweise ... eine objektive Norm von geistiger Gesundheit geben, die es einem auch gestatten würde, die krankhaften Abweichungen zu bewerten; auch müßten die intrapsychischen und zwischenmenschlichen Beziehungen von Natur aus harmonisch sein, und zwar so, daß das gestörte Individuum zu ihnen als zu seiner Heilung zurückkehren könnte (Jaccard, S. 66f.).

Wenn das gesellschaftliche Selbstverständnis so eng gekoppelt ist an das, was sich von selbst versteht, also keiner Formulierung mehr bedarf, dann rührt die Definition dessen, wovon abgewichen wird, schon an ein Tabu. Also

beschränkt sich die Psychiatrie darauf, diese 'Abirrung' zu konstatieren und zu beschreiben, ohne jemals die Regel zur Diskussion zu stellen, von der abgewichen wird, und ebensowenig die Vernunft, die das Urteil fällt (Basaglia-Ongaro, S. 141).

Es wäre ja denkbar, daß entdeckt wird,

daß es Gesellschaften oder Bruchstücke von Gesellschaften gibt, die so krank sind, daß man selber ziemlich krank sein muß, um sich ihnen anpassen zu können (Jaccard, S. 33).

'Normalität'

Der Duden definiert:

Norm *(gr.-etrusk.-lat.: 'Winkelmaß, Richtschnur, Regel'): ... allgemein anerkannte, als verbindlich geltende Regel, Richtschnur, Maßstab ... Durchschnitt; normaler, gewöhnlicher Zustand ...* normal: *der Norm entsprechend, vorschriftsmäßig; gewöhnlich, üblich; (geistig) gesund ...* Normalität: *normale Beschaffenheit; normaler Zustand; Vorschriftsmäßigkeit.*

Neben die statistische Norm, die Normalität und Häufigkeit identifiziert, stellt das *Fischer Lexikon Psychologie* die ideale Norm, die *Aufforderungscharakter* besitzt und die Variationsweite der Gaußschen Normalverteilung institutionell beschränkt (Fischer Lexikon Psychologie, S. 236ff.). Man stelle sich eine zu enge 'Käseglocke' vor, die der Gaußschen Normalverteilungskurve übergestülpt wird (s. Abb. 1 links), und schon hat man die schützenswerte Masse auf beiden Seiten zurechtgestutzt. Wer mit wem an welchem Rand 'im Freien' steht, bleibt offen. Vielleicht liegen beide Seiten auch, wie

Cooper in einem anderen Bild (s. Abb. 1 rechts) vorschlägt, viel näher beieinander:

> *Man beachte, daß sich Normalität am weit entfernten Gegenpol nicht nur der Geisteskrankheit, sondern auch der geistigen Gesundheit befindet. Geistesgesundheit steht nahe bei Geisteskrankheit, doch bleibt ein alles entscheidender Zwischenraum, ein Unterschied, stets bestehen (Cooper 1, S. 30).*

Das *Fischer Lexikon* kennt noch eine andere Norm, die funktionale. Sie

> *definiert als ’normal‘ ... den einem Einzelwesen hinsichtlich seiner Zielsetzungen und Leistungen gemäßen Zustand ... Die Anerkennung funktionaler Normen charakterisiert viele utopische Sozialgebilde, die sich meistens unter die Devise der Freiheit des Individuums stellen; sie erfolgt jedoch ...nur in einem sehr geringen Umfange (Fischer Lexikon Psychologie, S. 236ff.).*

Bleiben also die statistische Normalität,

> *die so etwas wie Tod-im-Leben ist: die Sklerose der Existenz, in der die Menschen gänzlich mit den Stereotypen ihrer sozialen Rollen verschmelzen (Cooper 2, S.143),*

und die ideale Norm als

> *die Grenze, die der Individualität von der Gemeinschaft, der Organisation, gezogen wird (Basaglia-Ongaro, S. 136).*

Konkret heißt das, wie Giovanni Jervis, Mitarbeiter des italienischen Reformpsychiaters Franco Basaglia, im *Kritischen Handbuch der Psychiatrie* schreibt:

> *Normalität* (ist) *’Abwesenheit von Störungen‘ ... Normal ist, wer sich nicht als ’gestört‘ bezeichnet und von anderen nicht so bezeichnet wird ...,* (wer) *von seiner Umwelt als ein Individuum akzeptiert wird, das nicht der Behandlung bedarf ... Aber: Normal ist auch derjenige, der eine solche Stellung genießt, daß er sich Verhaltensweisen erlauben kann, die nicht tole-*

riert würden, wenn er einer unteren Gesellschaftsschicht angehörte oder wenn er in seiner Umwelt über eine geringe Vertragskraft *verfügt. Normal ist, wer sich den herrschenden Normen anpaßt, keine großen Probleme hat und für die anderen keine großen Probleme schafft ... Aber diese Normalität bedeutet offensichtlich nicht Gesundheit (Jervis, S. 216f.).*
Und die

'Gesundheit' — was ist das?

Abwesenheit von Krankheit, 'höchstes Gut', *Zustand umfassenden körperlichen, geistigen und sozialen Wohlbefindens* (WHO-Definition), also eine

> *Utopie ..., die mit der Medizin und ihrem Handeln wenig zu tun hat (Basaglia-Ongaro, S. 13);*

für Freud war geheilt, wer *fähig zu lieben und zu arbeiten* war. Ein Versuch von *psychologischen Experten, positive geistige Gesundheit* zu konzipieren, scheiterte ander Festlegung auf bestimmte Kriterien:

> *Folgende sechs Kriterien werden zu den dominierenden gezählt:*
> 1. *Einstellung sich selbst gegenüber: Selbstachtung, realistische Selbsteinschätzung etc.,*
> 2. *Reifen, Entfaltung, Selbstverwirklichung,*
> 3. *Selbstintegration,*
> 4. *Selbstbestimmung, Unabhängigkeit,*
> 5. *Adäquate Wahrnehmung der Realität,*
> 6. *Meistern der Umweltgegebenheiten.*
>
> *Diese ungleichartigen, sich widersprechenden Kriterien scheinen wenig Bezug zu den normalen Vorstellungen von Gesundheit zu haben, eher dürften sie Formulierungen dessen sein, was die verschiedenen Autoren als die höchsten Werte ansehen, die unsere Gesellschaft in der Selbsterziehung und der ihrer Kinder anstreben sollte ...* (ein) *Idealstatus (Scheff, S. 164).*

Daß Gesundheit mit Normalität wenig zu tun hat bzw. ihr Gegenteil sein kann (Cooper), wurde schon deutlich. Wenn sie sich aber nur als Utopie, als Idealstatus fassen läßt, was verbindet Gesundheit, speziell sog. 'geistige Gesundheit', dann mit dem Handlungsfeld der Medizin? Es müßte den Medizinern doch zu denken geben, daß sie so wenig über den Zustand sagen

können, den sie immerzu (wieder)herzustellen vorgeben.
Ein positives und konkretes Bild von Gesundheit fand ich nicht in einem medizinischen, sondern in einem Buch über Literatur von Adolf Muschg, der von einem Arzt aus Hongkong erzählt, welcher seinem Bekannten beiläufig erklärt habe,

> *was man Gesundheit nenne, sei so viel wie Bewegung aus dem eigenen Schwerpunkt, also mühelose Bewegung. Wenn dieser Schwerpunkt aus dem Zentrum verschoben sei, würden die an sich leichtesten Bewegungen beschwerlich, man lebe nicht aus der Mitte seiner Kraft, sondern gegen sie, dadurch würde die Kraft zur Gewalt, führe also zu Reibung und Schmerz. Wir säßen sozusagen abgewandt von unseren Bedürfnissen, und so überanstrenge uns ihre Erfüllung. Diese Überanstrengung, diesen exzentrischen Schwerpunkt nenne er Krankheit, und wer sie dadurch beheben wolle, daß er sich um das eine oder andere schmerzhafte Glied kürzer mache, sei am Ende nicht geheilt, sondern verstümmelt (Muschg, S. 183).*

Die psychiatrische Etikettierung:

Anmaßung

Ehre den Arzt, wie es ihm gebührt,
denn er hat ein wichtiges Amt,
und Gott selbst hat ihn zum Arzt gemacht
(Apokryphen zur Bibel, Sirach 38,1)

Der Arzt, 'Halbgott in Weiß', Held der Groschenromane und Fernsehserien, dem sich der Patient (lat. patiens: ertragend, duldend) übergibt, anvertraut oder auch ausliefert —

Ich bin niemand ...
Ich habe meinen Namen und meine Tageskleider den Schwestern gegeben,
Meine Geschichte dem Anästhesisten und meinen Leib den Chirurgen.
Sie haben meinen Kopf aufgestellt zwischen Kissen und Überschlaglaken
Wie ein Auge zwischen zwei weißen Lidern, die nicht zufallen wollen ...
Sie bringen mir Stumpfheit in ihren blanken Nadeln, sie bringen mir Schlaf
(Plath, S. 27)[1]

— der Arzt also ist der Hauptdarsteller in dem Drama Krankenhaus, speziell der Psychiatrie, der 'glaubwürdig', weil längst verinnerlicht, die Rolle des allwissenden, immer in Eile wichtigeren Aufgaben zustrebenden, jedes Gespräch schon im Anflug milde lächelnd zurückweisenden Königs spielt. Sein leichtgläubiger Hofstaat aus Assistenzärzten, Praktikanten, Schwestern und Pflegern räumt ihm beim Abschreiten der Anstalts'hallen' alle Hindernisse geflissentlich aus dem Weg. Auch wenn sich heute die Requisiten und der Stil mancherorts geändert haben (es wird ohne Kittel geschritten, und der moderne Psychiater setzt sich auch mal in einer Stationssitzung 'mitten unters Volk' und läßt sich — das tut ihm nichts — von den Patienten etwas sagen), das 'Spiel' wird — wenn auch mit veränderten Regeln — weitergespielt:

1 Gedichtteil aus dem Nachlaß der Schriftstellerin Sylvia Plath, die — nach einem Selbstmordversuch in der Psychiatrie u.a. mit Insulin- und Elektroschocks traktiert — sich 1963 mit 30 Jahren das Leben nahm

'Krankenhaus', 'Patient', 'Schwester', 'Arzt', 'Behandlung', 'Wiederherstellung', 'Genesung' – alle diese Worte und Requisiten, einschließlich der weißen Kittel, sind wie selbstverständlich vorhanden. In Abwandlung dessen, was Whorf einmal gesagt hat: Wir merken es nicht einmal mehr, weil diese ganze medizinische Kultur und Sprache so sehr zum Hintergrund unserer Arbeit geworden sind, daß sie wie die Luft sind, die wir einatmen und deren wir uns erst bewußt werden, wenn wir plötzlich keine Luft mehr bekommen und zu ersticken drohen (Foudraine, S. 309f.).

Wenn Personen, die man in Irrenanstalten gefangenhält, von 'Vergewaltigung' und 'Mord' sprechen, gebrauchen sie unangemessene Redewendungen, die bedeuten, daß sie an geistigen Störungen leiden; wenn Psychiater ihre Gefängnisse 'Krankenhäuser', ihre Gefangenen 'Patienten' und das Verlangen ihrer 'Patienten' nach Freiheit 'Krankheit' nennen, dann gebrauchen sie keine Metaphern, sondern stellen Tatsachen fest (Szasz, S. 21).

Weitere Übersetzungen des Geschehens in der Institution Psychiatrie:

Die herrschende Reglementierung kann als ein die Unsicherheit milderndes System der therapeutischen Regelmäßigkeit definiert werden; der erzwungene soziale Kontakt mit einer Vielzahl heterogener, mißliebiger Mitinsassen wird als Gelegenheit gedeutet, die Erfahrung zu machen, daß es anderen noch weit schlechter geht. Gemeinschaftssäle werden als Stationen bezeichnet ... Die strafweise Versetzung eines Patienten auf eine schlechtere Station wird dargestellt als eine Überweisung auf eine Station, deren Verhältnisse ihm angemessen sind, und die Isolierzelle oder der 'Bunker' werden als Orte bezeichnet, welche der Unfähigkeit des Patienten, sein Bedürfnis zum Ausagieren zu bemeistern, Rechnung tragen (Goffman 1, S. 362).

Der Psychiater übersetzt im Interesse der psychiatrischen Ordnung von der strafenden in die fürsorgende Sprache und von der zweifelnden (etymologisch von zweifach, gespalten) in die 'schizophrene' Sprache:

Wir sind alle hineingestellt in eine fürchterliche Unübersehbarkeit, der Reichtum der Einsichten und Organismen trug Verzweiflung und Wahnsinn in uns hinein, wir stehen machtlos der Einzelheit gegenüber, die keine Ordnung zur Einheit macht, es scheint, das 'Und' zwischen den Dingen ist rebellisch geworden, alles liegt unverbindbar auf dem Haufen, und eine neue entsetzliche Einsamkeit macht das Leben stumm (Werfel, Sp. 903).

Dieser Text von Franz Werfel aus dem Jahr 1914, der das expressionistische Bewußtsein skizziert, könnte, wie der Literaturwissenschaftler Thomas Anz vermutet (Anz 2, S. 157), folgende Passage aus Bleulers *Lehrbuch der Psychiatrie* von 1916 kommentieren, in der dieser die Grundsymptome der 'Schizophrenie' beschreibt:

Die normalen Ideenverbindungen büßen an Festigkeit ein; beliebige andere können an ihre Stelle treten. So können aufeinanderfolgende Glieder der Beziehung zueinander ganz entbehren, so daß das Denken unzusammenhängend wird (Bleuler, S. 278).

Was einmal als unzusammenhängend charakterisiert ist, muß in keinen Sinnzusammenhang mehr gebracht werden. Der Psychiater über*setzt* in eine Sprache, die es ihm ermöglicht, nicht *über*setzen zu müssen. Um in diesem Bild zu bleiben: Der Arzt sitzt am Ufer der Normalität, läßt sich das Strandgut zeigen und sortiert es in seine mitgebrachten Kästchen (was sich sperrt, wird zusammengestaucht), der Strand soll sauber sein. Merkwürdig ist nur, daß er nicht sieht, daß all diese Gestrandeten als 'Abfallprodukte' seiner Normalität angeschwemmt werden[1]. So begreiflich es ist, daß er sich scheut, den festen Boden zu ver- und sich der (mit)reißenden Strömung zu überlassen[2], so unbegreiflich ist doch, warum er — ausgestattet mit allem Nötigen — nicht übersetzt auf die andere Seite[3], um sich deren Wirklichkeit zu nähern.

Das gewaltige Entehrungspotential psychiatrischer Etikettierung (Jaccard, S. 35)

liegt in dieser Anmaßung, einen ganz Anderen auf den eigenen Boden ziehen und ihm das Unverwechselbare mit Gewalt und mit der Zustimmung aller austreiben zu wollen. Franza sagt von ihrem Mann, dem berühmten Psychiater:

Warum ist mir das nie aufgefallen, daß er alle Menschen zerlegte, bis nichts mehr da war, nichts geblieben außer einem Befund (Bachmann 1, S. 70). Nur das Wortgeröll rollt, nur das Papier läßt sich wenden mit einem Geräusch, sonst tut sich nichts, wendet sich nichts (ebd., S. 13).

In diesem Wort, das — plötzlich von oben losgestoßen — den ohnehin schon

1 *Es wird uns nicht gesagt, daß vielleicht eben diese Normalität unweigerlich die Störung mit sich bringt* (Jervis, S. 219)

2 Man beachte, daß der Berufsstand des Psychiaters mit die höchste Selbstmordrate aufweist (s. Pohlmeier/Schmidtke/Welz (Hgg.), S. 103ff.; Lehmann 1, S. 338f.)

3 bzw. in einem anderen Bild von Urs Ruckstuhl, Psychologe in Zürich: *Es ist der Psychiater, der vor der Mauer des Schweigens, der Abkapselung steht, 'staunig' hinaufschaut, sich über die uneinnehmbare Festung beklagt und sie mit der chemischen Keule durchschlagen will, statt sich die Steigbügel anzuschnallen, sich mühsam hochzuangeln, um einmal nachzusehen, wie und warum sich der Patient dort — auf der anderen Seite seiner Welt — versteckt hält. Erst dann beginnt ein zögernder, oft stummer Dialog* (Ruckstuhl, S. 31).

Verunsicherten überrollt, ihn zuschüttet, indem es ihn beschreibt und einordnet in ein handliches, digitalisierbares Klassifikationsschema, ist schon die ganze Beraubung seiner Individualität angelegt. Es ist — noch jenseits der Psychiatrie —

> *die therapeutik — geübt sowohl von freunden als auch von feinden —, die durch verallgemeinerung die 'besondere natur' eines leidens leugnen will, damit den leidenden an den mauern der verzweiflung aufklatschen läßt (Kollmann/Mattheus, S. 180).*

> *Die Bemühung der technischen Medizin, der Krankheit eine diagnostische Fremdsprache zu oktroyieren, kommt häufig einem Sprechverbot gleich (Muschg, S. 167f.).*

Aber auch für das Schweigen, in welches ein 'Patient' seine Persönlichkeit retten will, gibt es Diagnosen. Handelt es sich um einen Mutisten[1], einen Autisten[2]? Ist es der 'schizophrene' Rückzug aus der Welt? Oder eher Ausdruck einer endogenen Depression? Das Passende wird schon noch gefunden!

> *Es ist eben möglich, eine gründliche Kenntnis zu haben von dem, was an vererbten oder familiären Bedingungen manisch-depressiver Psychose oder Schizophrenie entdeckt wurde, um leichter 'schizoide Ego-Verzerrung' und schizophrene Ego-Defekte plus den verschiedenen Störungen des Denkverlaufs, des Gedächtnisses, der Perzeption usw. zu erkennen, tatsächlich all dies zu wissen, was über die Psychopathologie der Schizophrenie oder die Schizophrenie als Krankheit gewußt werden kann, ohne auch nur einen einzigen Schizophrenen verstehen zu können. Diese Daten sind lauter Möglichkeiten, ihn nicht zu verstehen.*

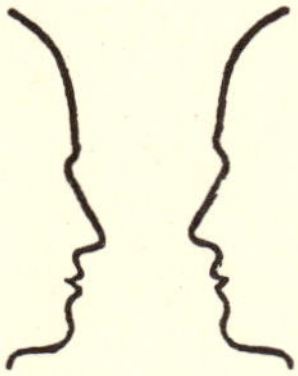

> *Einem Patienten zuzusehen und zuzuhören und 'Symptome' der Schizophrenie (als einer 'Krankheit') zu sehen und ihm zuzusehen und zuzuhören einfach als einem menschlichen Wesen sind so radikal verschiedene Weisen des Sehens und Hörens, wie wenn man erst die Vase, dann die Gesichter im doppeldeutigen Bild sieht (Laing 1, S. 28).*

Um eine andere Person zu begreifen, sagt Laing, müssen wir uns ihr gegenüber so orientieren,

1 Mutismus: absichtliche oder psychisch bedingte Stummheit ohne organischen Defekt

2 Autismus: (krankhaft gesteigerte) Selbst- oder Ichbezogenheit, Kontaktunfähigkeit

daß uns die Möglichkeit offenbleibt, sie zu verstehen (ebd., S. 27).

Diese Möglichkeit hat nur, wer sein Nicht-Verstehen nicht in wichtige Worte hüllen und damit verschwinden lassen muß. Möglich ist dann aber alles mögliche[1]. Der andere kann auch fremd bleiben, unbenannt, weil unbekannt; es wird ihm — nicht nur vom Grundgesetz, sondern dann auch vom Arzt — nicht nur die Unantastbarkeit seiner Würde, sondern auch die Würde seiner Unantastbarkeit zugestanden.

Und du willst für dein Leben gern etwas
Unbeantwortbares sagen (Plath, S. 105).

Die vorherrschende Realität sieht anders aus. Die Macht der 'Namhaften', Namen zu nehmen und zu geben, ist im *Fall Franza*, dieser sehr realistischen Fiktion, durchgehendes Thema des ersten Teils *Jordanische Zeiten*:

... und dann war tatsächlich das Fossil[2] *an den Apparat gekommen, das patzig-bescheiden seinen Namen ins Telefon warf, im Bewußtsein seiner Bedeutung (Bachmann 1, S. 16).*

Die Polizei blieb also aus dem Spiel, das war bei dem Namen Jordan[3] *eine Selbstverständlichkeit (ebd., S. 20).*

Jordan, der ohne Interpretation keinen Satz durchgehen ließ, unterbrach sie ... du wirst gemeint haben ... Franza ließ sich, angestrengt zuhörend, analysieren und unterbrach ihn nicht mehr, bis sie ihre englischen Küsse gewogen, zerlegt und pulverisiert, eingeteilt und untergebracht wußte, sie waren nun säuberlich und sterilisiert an den richtigen Platz in ihrem Leben und mit dem richtigen Stellenwert gekommen. Danach sollte eigentlich wirklich nichts mehr geschehen können (ebd., S. 52).

Wenn Franza von Jordan sogar ihre Erinnerung an 'vorjordanische Zeiten', die *englischen Küsse*, zunichte gemacht wird, dann geben die *jordanischen Zeiten* für sie erst recht keine eigene Zukunft mehr her. Den nächsten Schritt ihrer Vernichtung beschreibt Franza so:

Der Umbruch[4] *war gekommen ... und da sah ich, daß bei dem Dank an*

1 im Sinne des Musilschen Möglichkeitssinnes: *alles, was ebensogut sein könnte, zu denken* (Musil, S. 16)

2 Der Roman beginnt mit dem Satz von Franzas Bruder, einem Geologen: *Der Professor, das Fossil, hatte ihm die Schwester zugrunde gerichtet* (S. 12). Später wird Franza ihn berichtigen: *Warum hast du von ihm gesagt Fossil, o nein, wie irrst du dich, er ist heutiger als ich* (S. 80).

3 der angeheiratete Name Franzas

4 von Jordans Buch über die Versuche an weiblichen Häftlingen (!) während der Nazi-Zeit, an dem sie jahrelang mitgearbeitet hatte

die Mitarbeiter ... mein Name fehlte[1]*, es war nicht eigentlich das Fehlen des Namens, das ich bedauerte, nein, es war ein Signal für etwas anderes. Er wollte mich auslöschen, mein Name sollte verschwinden, damit ich danach wirklich verschwunden sein konnte (ebd., S. 78).*

Wenn ich auch der Romangestalt Franza den gleichen 'Möglichkeitswert' zuerkenne wie einer realen Person, will ich hierzu doch noch eine Frau mit ihren Antworten auf die jeweiligen psychiatrischen Fragen zu Wort kommen lassen, die sich 1834, seit sieben Jahren in der Anstalt, folgendermaßen geäußert haben soll:

'Ich weiß Ihren Namen nicht, sagen Sie ihn mir.'
'Die Person von mir hat keinen Namen: sie wünscht, daß Sie nicht schreiben möchten.'
'Ich möchte doch wissen, wie Sie heißen, oder vielmehr, wie Sie früher hießen?'
'Ich verstehe, was Sie fragen wollen. Ich hieß Catharina X., man muß nicht mehr von dem Vergangenen reden. Die Person von mir hat ihren Namen verloren, sie hat ihn hergegeben, als sie in das Hospital eintrat.' ...
'Beten Sie zuweilen?'
'Die Person von mir kannte die Religion vor 1827; sie kennt sie jetzt nicht mehr.'
'Was halten Sie von den Frauen, welche mit Ihnen den Saal bewohnen?'
'Die Person von mir glaubt, daß sie den Verstand verloren haben, wenigstens die Mehrzahl'
(Griesinger, zit.n. Navratil 1, S. 50ff.).

Leo Navratil, österreichischer Psychiater, der sich

vor allem in der Rolle des Vermittlers, Kommentators und popularisierenden Theoretikers 'schizophrener' Literatur und Kunst einen Namen gemacht (Anz 1, S. 62)

hat, hält diese (und andere) Antworten der *Kranken* für die *klassische Ausprägung*

nicht nur (der) *charakteristischen Sprachmanier, sondern auch* (der) *übrigen Symptome schizophrener Seelenstörung (Navratil 1, S. 50).*

Eine Kranke ... von anscheinend gutem Befinden, hat seit 1927 das Be-

1 Sie findet nicht einmal eine lapidare Zeile im Sinne von: *Ohne die Unterstützung meiner Frau wäre dies Buch nicht entstanden*, wie sie doch den unermüdlichen Ehefrauen (die ihren Namen längst abgegeben und den des Mannes 'angenommen' haben) üblicherweise gewidmet wird.

wußtsein ihrer Individualität verloren und hält sich für eine ganz andere Frau als sie früher war (Griesinger, zit.n. ebd., S. 51).

So leitete Griesinger damals, von Navratil heute unwidersprochen übernommen, sein Exempel ein. Ist diese Frau nach sieben Jahren Anstaltshaft etwa nicht *eine ganz andere* als früher? Ich denke, daß sie gerade, um *das Bewußtsein ihrer Individualität* nicht zu verlieren, sich von ihrer Person in der Anstalt distanziert (*die Person von mir hat keinen Namen ... sie hat ihn hergegeben*). Ebenso würdevoll, wenn auch erfolglos, denn das 'Gespräch' wird noch über 100 Jahre später abgedruckt werden, weist sie den Arzt zurecht (*sie wünscht, daß Sie nicht schreiben möchten*); und sie hat, begreiflich, mit Eintritt in die Anstalt ihren Glauben verloren. Warum ist auch heute noch ein Leo Navratil, der sich so fortschrittlich und aufgeschlossen gibt und in Klosterneuburg bei Wien seine produktiven (bzw. zur Produktivität angehaltenen) 'Schizophrenen' um sich schart wie die Schafe, nicht bereit, diese Frau beim Wort zu nehmen? Sie spricht so klar, so *luzide*, würde Artaud sagen. Diese Frage ist rhetorisch. Navratil sucht nicht die Möglichkeit des Verstehens. Er sucht in den 'schizophrenen Gebilden' und den *Produkten der Zunge* gewissermaßen den Ersatz für die fehlende histologische Beweisgrundlage der Pathologie des 'Schizophrenen'. Seine Äußerung über Neologismen[1] verdeutlicht dies:

Häufig produzieren Schizophrene artikulierte Lautgebilde, mit denen sie selber keinen Sinn verbinden; sie zögern aber nicht, auf Befragen diesen Neubildungen einen bestimmten Sinn zu unterschieben. Nicht selten ist ein spielerischer, sprechmotorischer Faktor an ihrer Entstehung beteiligt, sind sie mehr ein Produkt der Zunge als des Denkens (Navratil 1, S. 56).

Bleuler hat schon 1911 dieses psychiatrische Denken auf den Punkt gebracht, indem er zunächst die *schizophrene Sprachstörung* als Äußerung einer *Denkstörung* auffaßte, um dann

aber die Abnormität nicht in der Sprache selbst (zu sehen), *sondern in dem, was sie zu sagen hat (zit.n. Szasz, S. 19f.).*

Was bleibt dem als 'schizophren' Bezeichneten übrig? Seine Sprache ist dem Arzt unverständlich, also ist sie sinnlos (Navratil) bzw. Ausdruck gestörten Denkens (Bleuler). Aber auch wenn sie als solche Sinn macht, wird diesem nicht getraut (Navratil), oder gerade in ihm liegt das Abnorme (Bleuler). Diesen Teufelskreis beschreibe ich unter 'Selbsterfüllende Prophezeiung' näher.

1 sprachliche Neubildungen

Rechtfertigung

> *Da 'Schizophrenie' kein deskriptiver, sondern ein verfahrenstechnischer Begriff ist — da er nicht erklärt, was dem angeblichen Patienten fehlt, sondern rechtfertigt, was 'sein' Psychiater mit ihm macht (Szasz, S. 86), muß die Realität beständig umgedeutet werden ... Es muß ein Vergehen gefunden werden, welches der Bestrafung entspricht, und der Charakter des Insassen muß so rekonstruiert werden, daß er dem Vergehen entspricht (Goffman 1, S. 366).*

Goffman beschreibt weiter, warum

> *der Psychiater in der Tat behaupten kann, 'den ganzen Menschen' zu behandeln (ebd., S. 340).*

Dies hat nichts mit 'ganzheitlicher Medizin', aber viel mit Macht zu tun, mit der fehlenden Gewaltenteilung in der Psychiatrie:

> *Nichts, was den Patienten betrifft, bleibt daher außerhalb der Zuständigkeit des Psychiaters ... Mit diesem diffusen diagnostischen Mandat des Psychiaters korrespondiert eine ähnlich diffuse Verordnungsvollmacht. Institutionen, die den Insassen der Freiheit berauben, legen beinahe alle Rechte und Pflichten der Insassen fest ... Fast jede der Lebensbedingungen ... kann vom Psychiater beliebig modifiziert werden, vorausgesetzt, daß er eine psychiatrische Begründung dafür findet (ebd., S. 341).*

Das Thema der psychiatrischen Nötigung (Szasz, S. 85), immer unter dem Motto der Rechtfertigung, betrachte ich unter den Aspekten:

— Neuroleptika und Elektroschock
— Forschung
— Totale Institution.

Darüber könnten Franzas Worte stehen:

> *Man vereitelt den anderen, man lähmt ihn, man zwingt ihm sein Wesen ab, dann seine Gefühle, dann bringt man ihn um den Rest von Instinkt, von Selbsterhaltungstrieb (Bachmann 1, S. 78).*

Neuroleptika und Elektroschock

Primum nihil nocere. Vor allem nicht schaden. So lautet ein alter ärztlicher Grundsatz, der auch heute noch gelehrt wird. Wird die psychiatrische 'Behandlung' diesem gerecht?

Die Beschreibung Franzas, wie sie im Nilschlamm, der sie heilen sollte, *lebendig begraben* wird, *eingemauert* sich nicht mehr bemerkbar machen kann, ist für mich ein sehr treffendes Bild der verheerenden physischen und psychischen Auswirkungen von Neuroleptika:

> *Sie wühlte ihre Füße in den Schlamm und bat Martin, sie in Schlamm einzupacken. Du wirst sehen, sagte sie, mit fiebernder Feierlichkeit, ich werde vom Nilschlamm geheilt werden. Er deckte sie mehr und mehr zu ... Dann lag sie ganz still da und spürte den Schlamm langsam trocken werden ... Bei dem Versuch, sich zu regen, merkte Franza, daß sie sich nicht bewegen konnte, dann, daß sie ihm nicht antworten konnte, bei dem ersten unhörbaren Wort bröckelte ihr der Sand in den Mund und die Augen, und der Schlamm hielt sie mit einem Zentnergewicht auf dem Boden fest. Sie war eingemauert. Er sah ungeduldig auf sie nieder, verstand nicht, daß sie nicht rufen und nichts erklären konnte. Sie versuchte zu schreien. Er merkte noch immer nichts. Das Blei beschwerte ihre Badekappe. Sie war lebendig begraben ... Noch eine Regung, dann würde sie wirklich ersticken. Wenn sie schrie, dann würde der Sand zustoßen und ihr die Luftröhre füllen (ebd., S. 100f.).*

Unica Zürn[1] gibt ihre *Eindrücke aus einer Geisteskrankheit* wieder:

> *Der Kampf eines Medikamentes gegen den Zustand des Deliriums, dieser einzigen kurzen Epoche, die sich im Zustand des Wahnsinns für sie gelohnt hat, weil sie neue Erfahrungen mit sich brachte — dieser Kampf ist schnell von dem Medikament gewonnen. Anders aber ist es, die große Depression zum Verschwinden zu bringen. Mit geschlossenen Augen, so wie in Wittenau, verbringt sie Wochen und Monate in ihrem Bett. Sie will sich nicht mehr waschen, nicht kämmen, nicht sprechen. Mehrere Male wechselt man ihre Medikamente — schließlich gibt man ihr eines, dessen Wirkung verheerend ist: sie wird starr, die Muskeln verkrampfen sich. Wie jemand, der im Begriff ist zu ertrinken, sucht sie einen Punkt im Raum, um sich daran festzuklammern (Zürn, S. 100).*

1 Schriftstellerin in Berlin/Paris im Kreis der Surrealisten, seit 1962 häufig in Psychiatrien, nahm sich 1970 mit 54 Jahren das Leben.

Unica Zürn beschreibt hier das Neuroleptika-bedingte Parkinsonoid, die häufigste[1] 'Neben'-Wirkung, gekennzeichnet durch Muskelzittern oder -starre, Bewegungsarmut bzw. -unfähigkeit (s. Lehmann 1, S. 113ff.). Neuroleptika werden seit 1952 in der Psychiatrie eingesetzt.

> *Wir verwandeln den seelisch leidenden vorübergehend[2] in einen hirnorganisch kranken Menschen, bei der EKT[3] nur globaler, dafür kürzer als bei der Pharmakotherapie (Dörner/Plog, S. 377),*

sagen der bekannte Sozialpsychiater Klaus Dörner[4] und die Psychologin Ursula Plog in ihrem Psychiatrie-Lehrbuch *Irren ist menschlich*. Also werden, folgert Peter Lehmann[5],

> *über 90 % der Betroffenen ... durch die 'medikamentöse' psychiatrische 'Therapie' mit Neuroleptika zu Gehirnkranken gemacht (Lehmann 1, S. 111).*

Und wenn die Aussage eines Psychiaters der KBoN[6] stimmt, daß 80 % derer, die in der Psychiatrie landen, nicht psychotisch, sondern *soziale Notfälle* sind, dann endet sogar die psychiatrische Rechnung damit, daß über 72 % der Psychiatrieinsassen als soziale Notfälle mit Neuroleptika zu Gehirnkranken gemacht werden.

1 *Häufigkeit bis zu 88 % oder gar 90 % aller Behandlungs-'Fälle'* (Lehmann 1, S. 199)

2 oder auch bleibend (s. Lehmann 1, S. 108f. u. 129ff.; Breggin)

3 Elektrokrampftherapie, die geläufige psychiatrische Umschreibung für Elektroschock

4 Dörner hat in seiner Funktion als Leiter der Landesklinik für Psychiatrie in Gütersloh im Januar 1991 von sich reden gemacht. Er wurde lt. *Stern* im September 1990 vom Pflegepersonal informiert, ein Pfleger seiner Anstalt werde begründet verdächtigt, Patienten mit unerlaubten Injektionen des Neuroleptikums Neurocil in Atemnot und somit in Lebensgefahr gebracht zu haben. *Dörner gab sich mit einer Befragung der Pfleger zufrieden* (Trunk, S. 132f.), um dann drei Monate später, als sich der Verdacht gegen den Pfleger bei einem Todesfall erhärtete, die Meldung an die Polizei immer noch zu verzögern, denn: *Ich war so erschüttert, daß ich erst mal drüber schlafen mußte* (zit.n. ebd., S. 132). Daß in diesen Stunden weitere PatientInnen in Gefahr waren, getötet zu werden, scheint Dörner am Schlafen nicht gehindert zu haben. Der 'Pfleger' gestand nach seiner Verhaftung 14 Tötungen; 50 weitere Todesfälle während seiner zweijährigen Dienstzeit auf der Inneren Station von Dörners Anstalt werden überprüft.

5 Mitbegründer und bis 1989 Mitglied der Irren-Offensive; Verfasser des Buches *Der Chemische Knebel*; hier wertet er die internationale psychiatrische 'Fach'literatur aus und läßt Psychiater in ihren eigenen Worten die Wirkungsweise, Risiken und Schäden der Neuroleptika-Behandlung verdeutlichen.

6 Karl-Bonhoeffer-Nervenklinik; Bornhöft im Arbeitskreis Psychiatrie am 14.11.1989 im Rathaus Berlin-Schöneberg

Neuroleptika blockieren die Nervenimpuls-Übertragung und versetzen so

den Organismus in einen narkoseähnlichen Zustand ... eine Betäubung ... eine Hemmung von Lebensvorgängen (ebd., S. 93).

Diese *vita minima* (ebd.) ist begleitet von vielfältigen Störungen des Zentralnervensystems, des Bewegungsapparates, des vegetativen Systems und besonders der Psyche (ebd., S. 198ff., ausführlich S. 97 - 297). Neuroleptika wirken unspezifisch, in der *Haloperidol[1]-Leiche* (Heimann) ist nicht nur die Verrücktheit abgetötet. Ein Kollege Heimanns, Leiter der Psychiatrischen Abteilung Hamburg-Ochsenzoll, meint hierzu:

Pointiert formuliert, befinden sich Ärzte bei der ('medikamentösen') *Behandlung eines akuten Patienten stets in der Situation eines unkontrollierten Einzelexperiments (Seeler).*

Wenn auch Urs Ruckstuhl, Herausgeber einer Schwerpunktnummer *Psychopharmaka* der Zeitschrift *Pro Mente Sana Aktuell*, feststellt:

Gemessen an der Tragweite und dem massenhaften Einsatz der Psychopharmaka ist bekanntlich der Informationsstand der Ärzte gering, und die Auseinandersetzung spielt sich auf einem absolut bedenklich tiefen Niveau ab (Ruckstuhl, S. 1),

meint demgegenüber der 'Fachmann', Oberarzt an der Universitäts-Psychiatrie in München:

... rechtlich gesehen ist die Vorenthaltung von Neuroleptika bei akuten Psychosen nicht exkulpierbar (Möller).

Und ist die 'Psychose' nicht mehr 'floride', ihre 'Kunden' behalten Psychiater und Pharmaindustrie dennoch: Letztere nutzt die Verlockung des permanenten neuroleptischen Zugriffs zur Produktwerbung, wie Abb. 4 belegt.

Der gesellschaftliche Auftrag ... beinhaltet im Kern: rationale und rationelle Verarbeitung des Irrationalen (Ruckstuhl, S. 33).

Der technische Arzt bezieht sein Pathos aus der Vertreibung des Leidens und des Todes, und da sich beides nicht wohl eliminieren läßt, aus der Verdrängung von Leid und Tod. Da Verdrängung aber nie ein gewaltloser Prozeß ist, kann ihr Selbstverständnis noch so tröstlich-beschwichtigend sein: ihre Praxis ist aggressiv. Sie handelt so, als ob die erlaubte Schärfe, mit der sie sich gegen die feindliche Krankheit, den fremden Aggressor wendet, nicht zugleich einen lebendigen Menschen träfe. Darum muß sie für immer größere Schmerzen, die sie immer größeren Leiden verschreibt, auch immer stärkere Anästhetika einsetzen (Muschg, S. 156).

1 das bekannteste Neuroleptikum in der Psychiatrie

Abb. 3: Aus einer Anzeige
im *Nervenarzt*

In einem anderen Satz:
Und auch wenn ich den Griff lockere, entkommt die Patientin mir nicht!

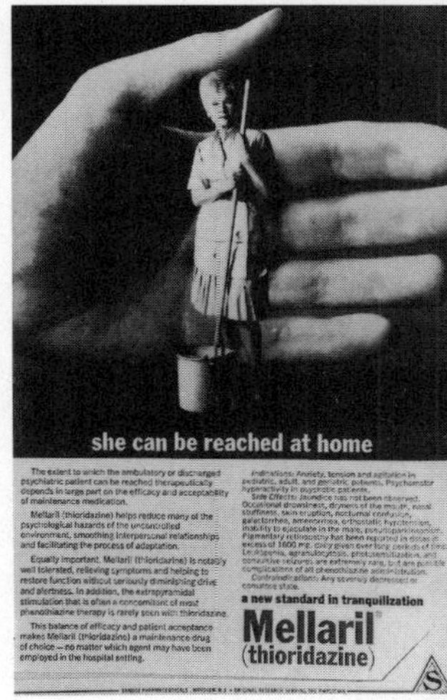

Abb. 4: Melleril-Werbeanzeige der englischen Herstellerfirma:
Sie kann zu Hause erreicht werden.

Neuroleptika-'Therapie' (griech. dienen, Dienst): Wem dient diese Form der 'Behandlung'? Der Pharmaindustrie (siehe 'zig Seiten Neuroleptika-Werbung im *Nervenarzt*); der Krankenkasse, der 'Gemeinschaft' der Versicherten, zumindest kurzfristig, denn die Pharmaindustrie wirbt auch für Kostendämpfung durch Zeitersparnis, wie die Dapotum-Anzeige der Herstellerfirma Squibb AG (s. Abb. 5) belegt; und sie dient der Ruhe und der Ordnung und damit nicht zuletzt den 'Betreuern'.

> *Ohne Neuroleptika läge das Elend nackter da, der Skandal wäre offenkundiger. Wir müßten uns klarer entscheiden für ein ausgrenzend-verwahrend-repressives oder ein helfend-solidarisch-therapeutisches Gebaren (Ruckstuhl, S. 33).*

Neuroleptika produzieren bekanntlich ein Parkinsonoid und damit die entsprechende psychische Komponente, die durch Verwirrtheit und Depression gekennzeichnete Parkinsonpsyche. Wen wundert es, außer die Psychiater, wenn nach 14 Jahren Neuroleptika die Traktierten[1] nicht einmal mehr zur Normerfüllung als Hausfrau in der Lage sind:

1 traktieren hat neben der (veralteten) Wortbedeutung behandeln auch die Bedeutungen: plagen, quälen, mißhandeln, jdn. mit etwas überfüttern

Abb. 5:
Aus einer Anzeige im *Nervenarzt*

... bei ambulant behandelten schizophrenen Patienten ... korreliert die (bei 67 % der Patienten vorliegende) depressive Symptomatik ... — bei 70 unserer ambulanten Patienten, die seit durchschnittlich 14 Jahren unter kontinuierlicher NL-LZM[1] *stehen, negativ mit ihrer 'Normerfüllung', d.h. mit der Erfüllung ihrer Hauptrolle als Berufstätiger oder Hausfrau (Pietzcker/Helmchen, S. 224f.).*

Der Elektroschock, von Ugo Cerletti, einem Schüler Emil Kraepelins, im Schlachthaus (zur Betäubung der abzuschlachtenden Schweine) beobachtet und seit 1940 als 'Behandlungsmethode' bei 'Schizophrenen' und 'endogen Depressiven' in Psychiatrien angewandt, ist nicht etwa eine Foltermethode der Vergangenheit, sondern:

In Wirklichkeit wurden Elektroschocks von Psychiatern nie aufgegeben. Eine im 'Nervenarzt' veröffentlichte Umfrage aus dem Jahre 1981, an der sich 227 Psychiatrische Anstalten und andere Behandlungsorte beteiligt hatten, ergibt, daß psychiatrische 'Patienten' und 'Patientinnen' an 43,2 % aller solcher Behandlungsorte Elektroschocks ausgesetzt werden. Allein in Westberlin, wo es 20 psychiatrische Einrichtungen gibt, geben von den 13 Behandlungsorten, die sich an der Umfrage beteiligten, sieben, darunter zwei kinder- und jugendpsychiatrische Behandlungsorte, die Anwendung von Elektroschocks offen zu (Lehmann 1, S. 81).

Was soll damit bewirkt werden? Neben einer allgemeinen *Umstimmung des Organismus* (ebd., S. 67) der PatientInnen, bei denen die Psychiater mit ihrem 'Latein' am Ende sind bzw. die sie nicht 'handhaben' können, obwohl sie es so nicht formulieren würden, bin ich auf das Ziel einer besseren Manipulierbarkeit gestoßen. Peter Breggin, kritischer Psychiater in den USA, zitiert hierzu in seinem Buch *Electro-Shock. It's Brain-Disabling Effects*[2] (1979) seine Kollegen:

1 Neuroleptika-Langzeit'medikation'

2 *Elektroschock. Seine hirnschädigenden Wirkungen.* Einer wörtlichen Übersetzung zog der Verlag Urban und Schwarzenberg den verharmlosenden Titel *Elektroschock ist keine Therapie* vor.

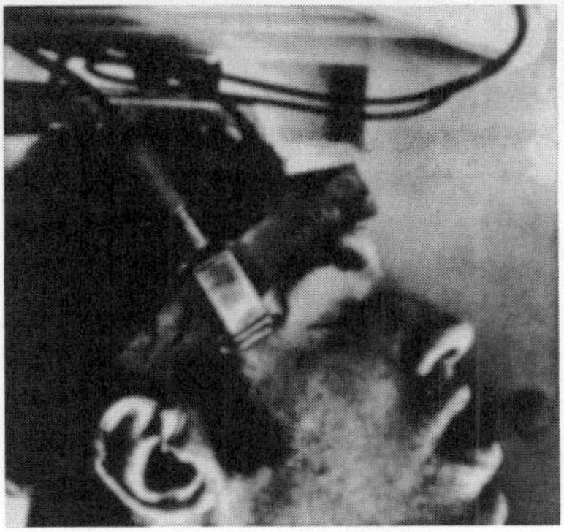

Abb. 6:
Aus Leonard Roy Frank, *The History Of Shock Treatment*

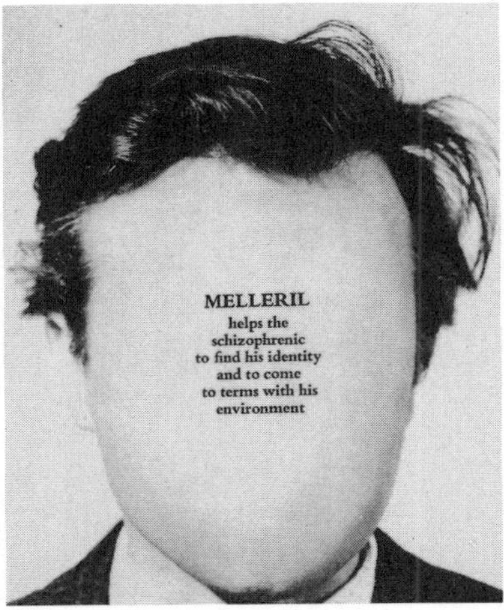

Abb. 7:
Melleril hilft dem Schizophrenen, seine Identität zu finden und in Einklang mit seiner Umgebung zu kommen.

Es ist besonders wichtig, in dieser Phase des Persönlichkeitszerfalls an die Stelle der normalen, selbstregulativen Persönlichkeitsprozesse dem Patienten von außen Regeln zu setzen, die griffig, gut verständlich und leicht zu befolgen sind (zit.n. Breggin, S. 191).

Nach unserer Ansicht war die Regression der Patienten ausreichend fortgeschritten, wenn er einnäßte und einkotete und sich wie ein 4jähriges Kind verhielt bzw. so sprach. Diese Patienten waren verwirrt, konnten sich nicht um ihre persönlichen Belange kümmern und nahmen ab, obwohl sie aßen — in einigen Fällen die übliche Menge. Häufig mußten sie gefüttert werden ... Manchmal klingen die Verwirrungszustände sehr schnell wieder ab. Die Patienten verhalten sich dann, als wären sie aus einem Traum erwacht. Ihr Gemüt wirkt wie ein unbeschriebenes Blatt, auf dem wir nun schreiben können. Im allgemeinen sind sie kooperativ und sehr leicht zu beeinflussen und damit offener für Psychotherapie (zit.n. ebd.).

Auch die Pharmaindustrie setzt auf diese 'Gemütsleere' als fruchtbaren Boden für die Entfaltung der Neuroleptika-Wirkungen, wie nebenstehende Melleril-Werbeanzeige der englischen Herstellerfirma deutlich macht. Breggin stellt abschließend fest:

In der ganzen Welt werden jedes Jahr Zehntausenden von Patienten massive Hirnschädigungen und irreversible geistig-seelische Störungen zugefügt (Breggin, S. 257).

Er fordert die Psychiatrie auf, sich dieser Methode der Hirn- und Persönlichkeitsschädigung nicht länger zu bedienen. Unbegreiflich ist mir, daß das Vorwort zur deutschen Ausgabe des Buches Dörner schreiben durfte[1]; dieser folgert[2] aus der Tatsache, daß

> *nach den Vorteilen nun auch die Nachteile der Psychopharmaka-Therapie sichtbarer werden, die EKT als Alternative* (müsse) *notwendigerweise wieder aktuell werden (Vorwort zu: ebd., S. 6).*

Zwar stellt Ruckstuhl zur Frage der Zwangsbehandlung resignativ fest:

> *Die Forderung nach einem gesetzlich abgesicherten Recht auf eine Psychopharmaka-freie Behandlung mutet im Kontext des staatlichen Auftrages, nüchtern betrachtet, etwas naiv an; sie ist den Interessen des Staates direkt entgegengesetzt (Ruckstuhl, S. 33).*

Doch hat sich das *Psychiatrische Testament*[3], mit dem man sich vorbeugend — noch im Zustand nicht angezweifelter 'geistiger Gesundheit' — vor Psychopharmaka- und Schockbehandlung rechtswirksam schützen kann, seit 1987 in Berlin zunehmend durchgesetzt. Das Verunsicherungspotential ist groß. 'PatientInnen', die ihren erklärten antipsychiatrischen Willen beim Rechtsanwalt hinterlegt haben, entläßt man lieber 'vorzeitig'.

Forschung

Auf diesen Aspekt psychiatrischen Interesses bin ich eher zufällig — durch einen Zeitungsartikel und die Tübinger Stellenanzeige — gestoßen. Die Testperson Psychiatriepatient weiß nichts von ihrer Zweckdienlichkeit. Im Interesse der Forschung wird man ihr in dem Blind- oder Doppelblindversuch auch nichts sagen. Mir war zwar bekannt, daß es besonders gefährlich ist, in psychiatrischen Universitätsanstalten zu sein, weil das Spektrum der technischen und der 'medikamentösen' Interventionsformen dort am breitesten ist. Allgemein gilt aber die Universitätsklinik als die kompetenteste, sie ist auf dem neuesten Stand. Diesem Ruf wird auch die Universitäts-Nerven-

1 Als Peter Breggin Dörners Vorwort las, in dem die Aussagen und somit der Sinn seines Buches entstellt werden, wurde er sehr wütend.

2 wie es z.B. auch sein Kollege Prof. Hanfried Helmchen von der FU Berlin verficht

3 formuliert von Thomas S. Szasz, übersetzt von der Irren-Offensive und mit einer Gebrauchsanweisung versehen von dem engagierten Berliner Rechtsanwalt Hubertus Rolshoven

Klinikum der Universität Tübingen

Im Rahmen eines von der DFG geförderten Projektes „Mimisches Ausdrucksverhalten Schizophrener" wird ein(e) promovierte(r)

wissenschaftl. Mitarbeiter(in)

der Fachrichtung Psychologie oder benachbarter Disziplinen gesucht.

Sie haben die Aufgabe, mittels eines neu entwickelten automatischen Analysesystems die Mimik der Probanden im Experiment aufzunehmen und computer-unterstützt weiterzuverarbeiten. Weitere Aufgaben sind: Probandenrekrutierung, psychopathologische Diagnostik, technische Laborleitung und Datenauswertungen. Entsprechende Vorkenntnisse, insbesondere in der Durchführung von psychologischen Experimenten sowie im Programmieren sind notwendig.

Es besteht gemäß den DFG-Richtlinien die Möglichkeit, die Stelle mit zwei nichtpromovierten Bewerbern jeweils zur Hälfte zu besetzen. Die Stelle ist vom 1. 10. 1989 bis zunächst zum 30. 9. 1991 befristet.

Richten Sie bitte Ihre Bewerbung an
Prof. Dr. Hans Heimann,
Ärztlicher Direktor der Universitäts-Nervenklinik,
Oslanderstraße 22, 7400 Tübingen

Die Einstellung erfolgt durch die Verwaltung des Klinikums.

Abb. 8:
Stellenanzeige in der *Zeit* vom 11.8.1989

klinik Tübingen mit nebenstehender Anzeige gerecht, in der — von der Deutschen Forschungsgemeinschaft gefördert — eine Stelle zur computerunterstützten Verarbeitung von 'schizophrener' Mimik ausgeschrieben wird. Goffman sagt, daß

viele Kliniken mit Forschungsprogrammen befaßt (sind), *die manchmal dazu führen, daß die Behandlung nicht so sehr durch die Bedürfnisse des Patienten als vielmehr durch die Bedürfnisse des Forschungsplanes diktiert wird (Goffman, S. 329).*

Mit Blick auf die Stellenannonce und den nachstehend zitierten Artikel im Berliner *Tagesspiegel* vom November 1989 erscheint mir Goffmans Formulierung als sehr milde:

Menschen, die an schweren Angstphänomenen leiden, werden in angstvolle, belastende Situationen gebracht, um die Wirkung von Beruhigungspillen in Kriegs- und Krisensituationen zu testen — im Auftrag der Regierung ... Der Leiter der Münchener Universitäts-Nervenklinik, Professor Hanns Hippius, bekam vom Bundesamt für Zivilschutz einen Antrag zur Förderung seiner Forschungen über 'Psychopharmaka in Extremsituationen' bewilligt ... Forschungsauftrag im Umfang von rund 280.000 DM ... Die Arbeitsrichtung des Psychiaters ist nicht neu. Er gehört ... seit langem dem 'Wehrbeirat' des Bundesverteidigungsministeriums an ... (Hippius erklärte,) *in der praktischen Anwendung gehe es darum, überschießende Reaktionen notfalls auch durch Einsatz von Psychopharmaka in 'situationsadäquate' zurückzuführen ... Ferner soll 'die individuelle Angstreaktion einer Extremgruppe* (psychiatrische Patienten) *auf spezifische bedrohliche Situationen' untersucht 'und dabei die Wirkung verschiedener neuartiger Psychopharmaka' getestet werden ... Die Ethikkommission der medizinischen Fakultät habe seinen Versuchen zugestimmt ... Auf Anfrage ergänzte er nun, die Auslösung von Angst bei Angstpatienten zu Forschungszwecken sei legitim (Westhoff).*

Hippius muß also nicht einmal seine therapiefremden (bzw. -feindlichen) Absichten leugnen, um sich der Unterstützung der 'Ethikkommission' erfreuen zu können.

Totale Institution

Wir fahren in das Irrenhaus.
Wir fahren aus der Welt hinaus.
(Wagner)

Der Traum von Robert Walser, 1914 veröffentlicht, beschreibt sehr plastisch die *Bestürzung* dessen, der plötzlich *in eine verriegelte, unnatürliche Absonderung* gerät:

> *... Mir träumte, daß ich in eine Art von Anstalt und Institut hineingekommen sei, in einen Sonderbund, in eine verriegelte, unnatürliche Absonderung, welche von höchst kalten und höchst eigentümlichen Verordnungen regiert wurde ... Deutlich erinnere ich mich, wie ich bald zu diesem, bald zu jenem Beamten in kummervoller, bittender Tonart sagte, daß ich 'alles das, so drückte ich mich in der höchsten Herzbeklemmung aus, ja ganz und gar nicht verstehe, und daß man mich doch lieber hinaus in die Welt ziehen lassen wolle, damit ich meinen Mut und meinen angeborenen Geist wiederfände. Doch statt mir zu antworten, zuckten sie nur die Achseln, liefen hin und her, zeigten sich sehr in Anspruch genommen, gaben mir zu verstehen, daß sie keine Zeit hätten, sich näher mit mir und meinem Unglück zu beschäftigen, und ließen mich in all der unaussprechlichen, fürchterlichen Bestürzung stehen. Augenscheinlich paßte, paßte ich gar nicht zu ihnen. Warum denn nun war ich zu ihnen hineingekommen in diese enge und kalte Umgrenzung? Durch viele Zimmer und Nebenzimmer tastete ich mich; ich schwankte hin und her wie ein Verlorener. Mir war, als sei ich im Begriff, in dem Meer der Befremdung zu ertrinken (Walser, Bd.II, S. 106f.).*

Der Text endet in einem lösenden Erwachen:

> *O wie freute ich mich, daß es nur ein Traum war (ebd., S. 107).*

Aber es war, das ist das zusätzlich Beklemmende an dem Text, ein hellseherischer Traum, denn 15 Jahre später kam der in der Schweiz geborene Robert Walser tatsächlich bis zu seinem Tod (also von 1929 bis 1956) in die Anstalt.

> *In einem Milieu, wo das Abnorme die normale Erwartung ist, wird das Normale niemals anerkannt (zit.n. Goffman 1, S. 88).*

Goffman:

> *Eine totale Institution läßt sich als Wohn- und Arbeitsstätte einer Vielzahl ähnlich gestellter Individuen definieren, die für längere Zeit von der übrigen Gesellschaft abgeschnitten sind und miteinander ein abgeschlossenes, formal reglementiertes Leben führen (Goffman 1, S. 11).*

Als Beispiele totaler Institutionen nennt er:

— *Blinden- und Altersheime, Waisenhäuser, Armenasyle ...*
— *Tuberkulose-Sanatorien, Irrenhäuser ...*
— *Gefängnisse, Zuchthäuser, Kriegsgefangenenlager ...*
— *Kasernen, Schiffe, Internate, Arbeitslager ...*
— *Abteien, Klöster, Konvente ... (ebd., S. 16).*

Die wichtigsten gemeinsamen Merkmale:

Alle Angelegenheiten des Lebens finden an ein und derselben Stelle unter ein und derselben Autorität statt (ebd., S. 17).

Von allen werden in einer mehr oder weniger großen Gruppe die gleichen Tätigkeiten durchgeführt. Diese werden von oben geplant, reglementiert und beaufsichtigt und

in einem einzigen rationalen Plan vereinigt, der angeblich dazu dient, die offiziellen Ziele der Institution zu erreichen (ebd.).

Übertragen auf die Psychiatrie ist der *rationale Plan* die 'Wiedereingliederung' der Insassen in die Gesellschaft. Die gemeinsame Tätigkeit ist die (selbstverständlich unbezahlte) Arbeits-'Therapie', die Beschäftigungs-, die Gruppen-, die Bewegungs-'Therapie'. Jede Handlung ist, wenn sie von oben verordnet wurde, per se 'Therapie'. Diese Art der *unernsten Beschäftigung* dient der Ablenkung von dem *Gefühl der toten und bleischweren Zeit* (ebd., S. 72). Es ist

das Gefühl, daß die in der Anstalt verbrachte Zeit verlorene, vergeudete und nicht gelebte Zeit ist, die abgeschrieben werden kann; sie muß irgendwie abgesessen oder 'durchgestanden' oder 'hinter sich gebracht' werden ... das Gefühl, daß er (der Insasse) *für die Dauer seines Aufenthalts — seiner Haft — vollkommen vom Leben abgeschlossen ist. In diesem Zusammenhang läßt sich auch die demoralisierende Wirkung einer unbegrenzten oder sehr langen Inhaftierung beurteilen (ebd., S. 71).*

In der Anstalt gibt es keine Ereignisse, sondern ausschließlich Zwischenfälle, *bedauerliche Pannen im Betrieb des Systems. Höchstes Ziel war stets, daß sich gar nichts ereignete (Gentis, S. 84).*

Zum Alltag in der Institution Psychiatrie gehört auch, keinen eigenen Raum (im doppelten Sinne) zu haben, keinen Einfluß auf die Auswahl der Mitinsassen, auf die Gestaltung der Räume, auf die Mahlzeiten nehmen zu können, nicht (oder nur in sehr geringem Umfang) über Geld zu verfügen, insgesamt einem System von Bestrafung (Ausgangssperre, Erhöhung der Psychopharmakadosis ...) und Belohnung ausgesetzt zu sein. Es ist also kein Wunder, daß viele Insassen sich mit der Zeit dem psychiatrischen Bild, keine eigene Persönlichkeit zu besitzen, immer mehr angleichen. Die Individualität wird ihnen systematisch abgewöhnt und ausgetrieben[1]. Und die moderne, soziale Psychiatrie? Ist da nicht alles anders, besser? Der Psychologe Manfred

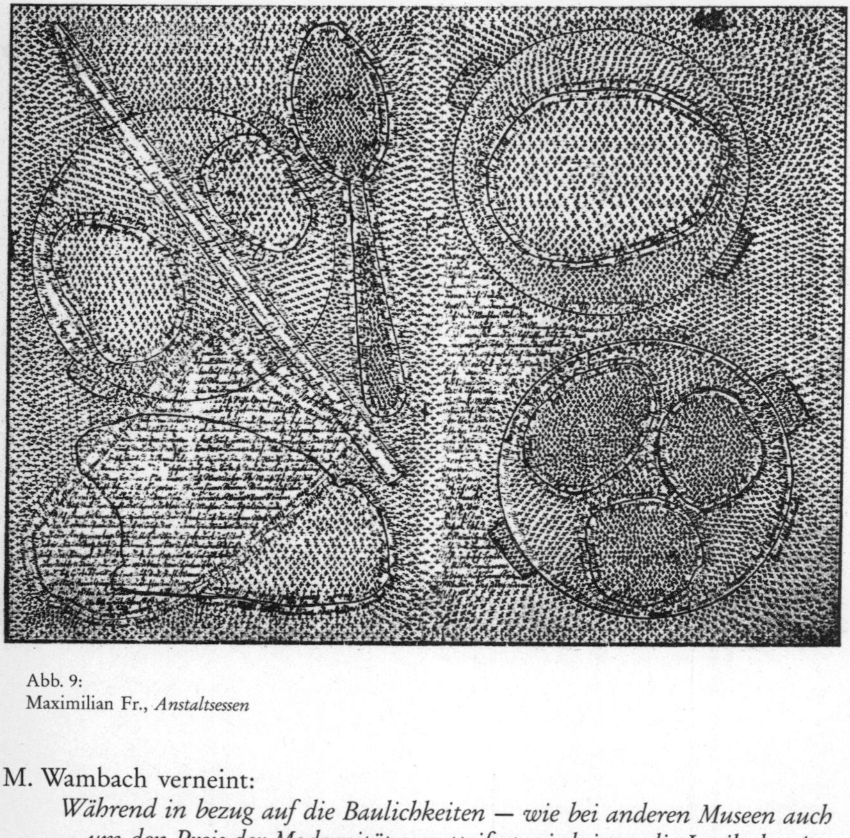

Abb. 9:
Maximilian Fr., *Anstaltsessen*

M. Wambach verneint:

Während in bezug auf die Baulichkeiten — wie bei anderen Museen auch — um den Preis der Modernität gewetteifert wird, ist es die Logik der Anstalt, die unter Denkmalschutz zu stehen scheint (Wambach, S. 9).

Wambach zählt (in Anlehnung an Robert Castel) die konstanten Elemente psychiatrischer Intervention auf:

Theoretischer Code ... Interventionstechnologie ... Institutioneller Appa-

1 Viel schneller ent-individualisierend als der Anstaltsalltag wirken allerdings die Neuroleptika bzw. Elektroschocks.

rat ... Psychiater als Profession ... nichtprofessionelle Psychiatrie-Arbeiter im Verständnis von Psychiatern ... nichtpsychiatrische Professionelle ... Status des Betroffenen oder Klienten ... Promotoren oder Vermittler ... Nachfragende (ebd., S. 11f.),

um dann festzustellen:

Das 'System' der Konstanten beruht darauf, daß Kompetenzen, Monopole, Institutionalisierungen, Verfahrensweisen desselben Typs unter neuen Etiketten und organisatorischen Verdichtungen weiter bestehen können und daß gleiche Funktionen (im Sinne von identisch gebliebenen und aktuell gleichen) mittels völlig neuer bzw. absolut unterschiedlicher Praktiken realisiert werden können (ebd., S. 13).

Also nur 'des Kaisers neue Kleider'! Szasz sieht die Errungenschaften der Reformpsychiatrie ähnlich kritisch:

Ich bin sehr pessimistisch. Ich bin nicht völlig dagegen, denn verglichen mit der Anstalt, die ein Gefängnis, ein Zuchthaus, ein KZ ist, ist es schon etwas netter, die Leute herauszulassen. Aber es ist nicht viel netter, wenn der Gefängniswärter nachkommt. Ich würde es vergleichen mit einem Gefangenen hinter Gittern und einem, der Bewährung hat (zit.n. Lehmann 2, S. 12).

Urteil

Das psychiatrische Urteil, 'psychotisch' oder 'psychisch krank' zu sein, ist eine Verurteilung zur Zwangsunterbringung, sobald beim oder vom Betroffenen eine 'erhebliche Gefährdung' festgestellt oder vermutet wird. Im Berliner PsychKG z.B. ist die Voraussetzung für eine Zwangsunterbringung *psychisch Kranker*, daß

sie durch ihr krankheitsbedingtes Verhalten ihr Leben, ernsthaft ihre Gesundheit oder besonders bedeutende Rechtsgüter anderer in erheblichem Maße gefährden und diese Gefahr nicht anders abgewendet werden kann (§ 8 Abs. 1).

Die kranksprechende Gewalt der Anstalt und die rechtsprechende Gewalt, die Justiz, arbeiten hierbei eng zusammen. Vorläufig unterbringen darf neben dem Amtsgericht nach § 26 PsychKG jede Klinik, die Polizei (mit Zustimmung eines Arztes) und 'natürlich' der bezirkliche Sozialpsychiatrische Dienst[1]. Zwar werden den Betroffenen einige Rechte formal zugestanden. Doch sobald vom Klinikarzt glaubhaft versichert wird, die Ausübung dieser Rechte bringe 'gesundheitliche Nachteile' mit sich, gelten sie nicht mehr: Zur Beteiligung der Betroffenen am Unterbringungsverfahren wird festgelegt, sie dürfen die verfahrensrelevanten Akten über ihre Person einsehen, aber nicht,

> *wenn nach ärztlichem Gutachten erhebliche Nachteile für ihren Gesundheitszustand zu besorgen sind (§ 15 Abs. 2).*

Sachverständige (damit sind Psychiater gemeint) sollen vom Gericht in Anwesenheit des Betroffenen gehört werden, aber nicht,

> *wenn ... schwere gesundheitliche Nachteile für ihn zu befürchten sind (§ 21 Abs. 3).*

Das Gericht teilt den Betroffenen die Gründe seiner Entscheidung mit, aber nicht,

> *wenn die Mitteilung der Gründe nach ärztlichem Gutachten erhebliche Nachteile für den Gesundheitszustand des Betroffenen besorgen läßt (§ 23 Abs. 2).*

Der Betroffene oder sein gesetzlicher Vertreter (für 'Uneinsichtige' wird zu diesem Zweck gern eine Pflegschaft eingerichtet) muß den psychiatrischen Anwendungen zustimmen. Aber:

> *Unaufschiebbare Behandlungsmaßnahmen hat der Untergebrachte zu dulden, soweit sie sich auf die Erkrankung, die zu seiner Unterbringung geführt hat, beziehen (§ 30 Abs. 2).*

Das Besuchsrecht kennt die gleichen Einschränkungen, noch erweitert durch den Einschränkungsgrund der Gefährdung der *Sicherheit der Einrichtung.* Durchsuchungen, Besuchsüberwachungen und -beendigungen (§ 33) seitens der Anstalt sind im Interesse der *Sicherheit der Einrichtung* und natürlich der Gesundheit der Betroffenen erlaubt. Der Schutz vor der Willkür des Arztes durch das PsychKG ist also gerade da, wo er besonders benötigt wird, unwirksam. Untergebrachte könnnen laut PsychKG beispielsweise mit Gurten am Bett fixiert werden, wenn anzunehmen ist, daß sie die Anstalt sonst verlassen werden (§ 29a).

1 Bei einem überbezirklichen Treffen aller West-Berliner Psychosozialen Arbeitsgemeinschaften am 21.2.1990 wurde gefordert, den Sozialpsychiatrischen Diensten polizeihoheitliche Rechte einzuräumen!

Abschließend will ich einen realitätsnahen 'Fall' konstruieren, der deutlich macht, wie ein Gesetz *für* 'psychisch Kranke' funktioniert:

Eine Frau, die ihrem (begründeten) Ärger an unüblichem Ort, z.B. mitten auf der Straße, Luft macht und so durch die 'Störung der öffentlichen Ordnung' bzw. des ordentlichen Straßenverkehrs je nach Auslegung möglicherweise *bedeutende Rechtsgüter anderer in erheblichem Maße gefährden*, wird von der Polizei aufgegriffen. Hört sie nicht auf zu schimpfen, wird sie (wegen Annahme einer *psychischen Störung* nach § 1) in die Psychiatrie gebracht. Die Polizisten teilen ihr, um Ruhe zu haben, allerdings mit, sie nach Hause zu bringen. Als die Frau merkt, wo sie ist, steigert sich ihre Empörung begreiflicherweise. Der aufnehmende Arzt hält also eine vorläufige Unterbringung für erforderlich. Die Frau, die leider kein Psychiatrisches Testament gemacht hat, ist nun rechtmäßig vorläufig untergebracht (§ 26) und hat *unaufschiebbare Behandlungsmaßnahmen zu dulden*. Unaufschiebbar scheint dem genervten Arzt eine hochpotente und hochdosierte Neuroleptika-Spritze i.v. (intravenös), die — wirksamer als ein Kinnhaken oder die Fixierung — die 'Patientin' lahmlegt. Der Sozialpsychiatrische Dienst wird über den 'Fall' informiert und stimmt einer Unterbringung telefonisch zu. Das Amtsgericht ordnet diese an, nach einer kurzen Anhörung der neuroleptisierten, d.h. sich in einem künstlichen Winterschlaf befindenden 'Patientin'. Während dieses Anhörungs-Schnellverfahrens, das in der Klinik stattfindet, spielt der behandelnde Arzt die Rolle des unabhängigen *ärztlichen Sachverständigen* (§ 19). Macht die 'Patientin' erneut Ärger, erwachen also ihre Lebensgeister wieder, kann der Arzt die Dosierung erhöhen, er kann ihr mit belastenden Aussagen im nächsten Unterbringungsverfahren drohen, ihre persönliche Habe einziehen und ihre Besucher kontrollieren und jederzeit wegschicken. Er kann die Frau isolieren oder fixieren, damit sie nicht wegläuft.

Wolfgang Reichel, Professor für Rechtswissenschaft an der Universität Bremen:

> *Die Psychiatrie gerät unter die Wertungsdimension der Jurisprudenz, die psychiatrischen Normen verwandeln sich in Recht. Krankheit wird so zu einem administrativen und normativen Begriff, dessen Hauptmerkmal die Störung, nicht das individuelle menschliche Leid ist. Die Geschichte der Kodifizierung des 'Irrenrechts' ist die Geschichte dieses Paktes. Sie gipfelt vorläufig in der 'neuen Generation' von Psychiatriegesetzen (Reichel, S. 271). Das Recht der psychischen Krankheit muß aufhören, Psychiatrierecht zu sein. Der Pakt zwischen Jurisprudenz und Psychiatrie muß gelöst werden (ebd., S. 306).*

Das wesentliche Charakteristikum des Paktes zwischen Psychiatrie und Justiz besteht darin, daß das Irrenwesen von einer Reihe offener Rechtsbegriffe und offener Verwaltungsbereiche lebt und sich daher verhältnismäßig flexibel bestimmten sozialen Prozessen anzupassen in der Lage ist, wodurch es überhaupt erst seine Selektions- und Entstörungsaufgaben erfüllen kann (Wambach, S. 394).

Die offenen Rechtsbegriffe der Psychiatrie-Gesetze werden von Psychiatern flexibel im Sinne gesellschaftlicher Anpassung mit Inhalten gefüllt.

Insoweit die Psychiatrie die wirklichen oder vorgeblichen Interessen der Gesunden vertritt, ist Gewalt in der Psychiatrie in hervorragendem Maße die Gewalt der *Psychiatrie (Cooper 1, S. 27).*

Diese Gewalt wird ausgeübt im Auftrag der Gesellschaft bzw. der Vorgesetzten im hierarchischen System Anstalt. Die Ausführenden verstehen ihre Gewalttaten als wissenschaftlich begründeten, heilsamen Dienst am Kranken. Damit beugen sie eigenen Skrupeln bestens vor, was ihre Gefährlichkeit noch steigert[1]. !

Es ist keine Gnade im Blitzen der Schlächterbeile,
der Fleischerguillotine, die flüstert: 'Wie steht's, wie steht's?'
(Plath, S. 155)

Denn gerade nach einer Konversation mit dem Doktor Gachet ist van Gogh, als wäre nichts gewesen, in sein Zimmer gegangen und hat Selbstmord begangen. Ich, ich selbst habe neun Jahre in einem Irrenhaus zugebracht und habe mich nie mit dem Gedanken an Suizid gequält, aber ich weiß, daß ich mich nach jeder Unterhaltung, die ich mit dem Psychiater

1 In der *Zeit* vom 15.9.1989 beschreibt Rolf Degen unter dem Titel *Der Folterknecht in jedermann* neue psychologische Experimente zur *destruktiven Gehorsamsbereitschaft*. Schon vor 30 Jahren hatte der amerikanische Sozialwissenschaftler Stanley Milgram festgestellt, daß 65 % der Versuchspersonen bereit waren, in einem wissenschaftlichen Experiment zur *Untersuchung der Wirkung von Strafe auf das Lernvermögen* einer Testperson mit Elektroschocks (bis zu 450 Volt) *auf die Sprünge zu helfen*, *selbst wenn das (simulierende) Opfer sich schreiend vor Schmerzen wand.* 90 % der kürzlich hierzu Befragten äußerten, sie hätten sich solchen Anweisungen widersetzt. Das Experiment *mit angeblich quälenden, wenn nicht gewebeschädigenden Ultraschall-Impulsen*, das dem von Milgram ansonsten entsprach, führte indessen zu einer Gehorsamkeitsrate von 80 %! Begründet wurde diese Fügsamkeit mit *Pflichtgefühl*, *Dienst an der Wissenschaft*. Je eindeutiger und direkter die Befehle erteilt wurden und je geringer der Kontakt zum Opfer war, desto bereitwilliger wurden sie befolgt. *Unter der (realitätsnahen) Voraussetzung, daß 'nur' seelische Gewaltanwendung gegen Dritte gefordert wird, folgen fast alle Menschen dem Befehl von 'hohen Tieren'. (Erst wenn in einem Versuch die Opfer 'ihrem verbalen Peiniger mit juristischen Maßnahmen' drohten, sank der Anteil der Gehorsamen von 92 auf 30 %).*

während der Morgenvisite führte, danach sehnte, mich zu erhängen, denn mir war bewußt, daß ich ihm nicht die Kehle durchschneiden konnte (Artaud 3, S. 30)[1].

Der Mensch, den seine Familie, den die Gesellschaft 'ausgespieen' hat, wird vom Krankenhaus 'geschluckt', dann 'verdaut' und dem 'Stoffwechsel' überantwortet, bis er als Person unkenntlich geworden ist. Das, so meine ich, muß als Gewalt betrachtet werden (Cooper 1, S. 46).

Der Einsperrungsort gilt als das beste therapeutische Milieu, und umgekehrt ist die therapeutisch organisierte Anstalt genauso sicher wie das beste Gefängnis (Wambach, S. 382).

Hinzu kommen zwei Grundsätze, die den Anwendungsbereich des Strafrechts weit überschreiten:

Das ist einmal die medizinische Prävention, übertragen auf die Psychiatrie.

Während die Gesetzesübertretung durch unmittelbare, repressive, nachträgliche Interventionen sanktioniert wird, ermöglicht die Psychiatrie den vorbeugenden Eingriff: die Prävention (ebd., S. 383).

Ahndete man einst das 'Verbrechen' des 'Verrückten' mit seiner Einkerkerung, so ahndet später die Irrenanstalt die Drohungen, die Absichten, die Unwägbarkeiten eines Verhaltens, das nicht klar die Merkmale der Rationalität trägt. Die Ausdehnung der Kontrolle auf das, was 'voraussichtlich geschehen wird', bildet die Grundlage für das allmähliche Vordringen der Medizin in das Feld des menschlichen Verhaltens (Basaglia-Ongaro, S. 126).

Zum anderen ist es der

'Grundsatz im Moralkodex des Arztes': 'In Zweifelsfällen weiterhin Krankheit annehmen' (Scheff, S. 93f.)[2].

Das 'in dubio pro reo' (im Zweifel für den Angeklagten) der Justiz ist in der Psychiatrie schon lange zu einem 'in dubio pro societate' (im Zweifel für die Gemeinschaft) oder 'in dubio pro re publica' (im Zweifel für das Staatswohl) geworden. Zum Abschluß ein anderes, zorniges Urteil von Artaud:

1 Die Selbstmordrate der Psychiatrieinsassen ist ca. 30mal höher als die der Durchschnittsbevölkerung. Besonders hoch ist sie kurz nach wiederholter Einlieferung und nach der Entlassung (s. Pohlmeier/Schmidtke/Welz (Hgg.), S. 187ff.)

2 Scheff hat sich ausführlich mit dieser Art von *Entscheidungen in der Medizin* beschäftigt. Näheres zu seinen Untersuchungen von gerichtlichen Anhörungen (*durchschnittliche Dauer 1,6 Minuten*) und seinen Befragungen der beteiligten Ärzte (z.B. nach einer achtminütigen 'Untersuchung': *'Was die Schizophrenen betrifft, da mache ich mir nicht die Mühe, noch viele Fragen zu stellen, wenn ich merke, daß sie schizophren sind; denn* ich weiß schon vorher, was sie sagen werden') auf den Seiten 89ff. seines Buches.

Die Psychiatrie wurde von dem pöbelhaften Gesindel jener Wesen geboren, die das Übel an der Quelle der Krankheit aufrechterhalten wollten und die folglich ihrer eigenen Nichtigkeit eine Art Schweizergarde entrissen haben, um den rebellischen fordernden Elan, welcher der Ursprung des Genies ist, an seiner Wurzel zu unterminieren (Artaud 3, S. 24).

Selbsterfüllende Prophezeiung

In welche Sackgasse geraten Menschen, denen ein psychiatrisches Krankheitskonstrukt angeheftet wurde? Wie auch immer, ihr Verhalten ist 'symptomatisch'. Der Teufelskreis psychiatrischer Etikettierung ist von innen unverlaßbar, von außen — solange seine Logik nicht in Frage steht — unangreifbar.

Franza sagt über ihren Mann, den Psychiater, er habe sie gefangen

in dem Käfig seiner Notizen, die mich verfolgten, die mir vorausgingen (Bachmann 1, S. 75).

Ich habe lange gebraucht, um das zu verstehen, es ging so lange, mindestens über ein Jahr, dann verstand ich, daß wirklich ich gemeint war. Er bearbeitete mich, er bereitete mich vor, seinen Fall. Und jedes Blatt, das er mich finden hieß, das hetzte mich weiter. Eines Tages war es dann soweit (ebd., S. 73).

Paul Watzlawick, Philologe, Philosoph, Psychotherapeut, Psychiatrieprofessor in den USA, Verfasser von Fach- und 'schöner' Literatur und in den letzten Jahren *Wirklichkeitsforscher* im Sinne des radikalen Konstruktivismus[1], definiert:

Eine sich selbst erfüllende Prophezeiung ist eine Annahme oder Voraussage, die rein aus der Tatsache heraus, daß sie gemacht wurde, das angenommene, erwartete oder vorhergesagte Ereignis zur Wirklichkeit werden läßt

1 als der *Untersuchung jener Prozesse, durch die wir unsere individuellen, gesellschaftlichen, wissenschaftlichen und ideologischen Wirklichkeiten recht eigentlich konstruieren* (Watzlawick 5, S. 324)

und so ihre eigene 'Richtigkeit' bestätigt (Watzlawick 4, S. 91).

Watzlawick ist davon überzeugt, daß

ein wesentlicher Teil der selbsterfüllenden Wirkung psychiatrischer Diagnosen auf unserer felsenfesten Überzeugung beruht, daß alles, was einen Namen hat, deswegen *auch wirklich existieren muß (ebd., S. 101).*

Die psychiatrische Diagnostik hat, wie schon mehrfach deutlich wurde, hypothetischen Charakter. Kraepelin stellte 1918 fest:

Das Wesen der meisten Geistesstörungen liegt zur Zeit in tiefem Dunkel (Kraepelin 2, S. 270).

Von weiterer Forschung versprach er sich *Angriffspunkte* für

unsere vorbeugenden Maßregeln, ... für deren Richtung uns jetzt noch jeder Anhalt fehlt (ebd.).

Diese Annahme erwies sich als Irrtum, das Dunkel besteht fort:

Früher diagnostizierten die Ärzte Krankheiten, die sie nicht behandeln konnten; jetzt behandeln sie Krankheiten, die sie nicht diagnostizieren können (Szasz, S. 89).

Vielleicht 'behandeln' die Ärzte nicht nur die falschen Krankheiten, sondern die falschen Patienten. Vielleicht irren sie sich schon in ihrem Gegenüber, wie es der Witz vom Frosch illustriert:

Kommt ein Mann zum Arzt, nimmt den Hut ab. Auf der Glatze sitzt ein Frosch. Fragt erstaunt der Arzt den Mann, was ihm fehle. Spricht der Frosch: 'Wissen Sie, es begann alles mit einem kleinen Geschwür am rechten Fuß.'

Die Vorteile der Diagnose für den Psychiater sind aber, allen Unsicherheiten zum Trotz, immens:

Eine Diagnose stellen ... heißt, eine Entität schaffen — die Krankheit —, indem man sie benennt und klassifiziert. Es heißt, die zwei Quellen seiner Beklemmung auf einen Schlag trockenlegen, das Unbekannte des Wahnsinns und das Verhältnis zum Wahnsinnigen. Denn sobald sie benannt ist, wird die Krankheit jene vertraute, selbständige Sache, zu der man in ein unmittelbares Verhältnis treten kann, ohne den Umweg über den Wahnsinnigen gehen zu müssen (zit.n. Jaccard, S. 39).

Die scheinbare medizinische Wissenschaftlichkeit, die dem Unbekannten (der 'Krankheit' ohne organische Ursache) mit in ihrer Wirkung unvorhersehbaren Mitteln zu Leibe rückt, kann ihm ja nicht einmal ein bestimmbar Bekanntes gegenüberstellen.

Die übrige Medizin verwendet Krankheitsdefinitionen, die sich auf bestimmte Abweichungen von den im großen und ganzen wohlbekannten Funktionsweisen des normalen Organismus beziehen. In der Psychiatrie ist es absurderweise gerade umgekehrt. Da wird die Pathologie als bekannt angenommen, die Normalität dagegen als schwer, wenn überhaupt definierbar. Dies öffnet selbsterfüllenden Diagnosen Tür und Tor (Watzlawick 4, S. 101).

David Rosenhan, amerikanischer Psychologe, veröffentlichte 1973 in der renommierten Zeitschrift *Science* eine Studie mit dem Titel *On being sane in insane places* (Gesund in kranker Umgebung), die, wenn auch nur kurzfristig und in einem sehr begrenzten Radius,

> *die Schockwirkung einer wissenschaftlichen Bombe hatte ... In einer Versuchsanordnung von eleganter Einfachheit weist er nach, daß gewisse Diagnosen in der Psychiatrie — ungleich den Diagnosen in allen anderen medizinischen Fachbereichen — nicht einen krankhaften Zustand* definieren, *sondern ihn* erschaffen ... *die Diagnose erschafft den Zustand; der Zustand macht das Bestehen der Institutionen nötig, in denen er 'behandelt' werden kann; das Milieu der Institution (der Anstalt) erzeugt eben jene Hilflosigkeit und Depersonalisation des 'Patienten', die rückbezüglich die 'Richtigkeit' der Diagnose bestätigt; das Ganze wird zu einer sich selbst erfüllenden Prophezeiung, die schließlich auch der Patient glaubt und nach der er sein Leben einrichtet (ebd., S. 65).*

Zweck des Experiments war es zu prüfen, ob Scheinpatienten

> *als geistig gesund auffallen und, wenn ja, wodurch (Rosenhan, S. 112).*

Fielen sie auf, wäre

> *Normalität (und wahrscheinlich auch Anomalität) ... eindeutig genug, um erkannt zu werden, wo sie auftritt, denn sie ist in der Person selbst begründet (ebd.).*

Den Verlauf will ich nur kurz skizzieren. Acht normale Menschen (d.h. solche, die nie verdächtigt wurden, in die Psychiatrie zu gehören) lassen sich in zwölf verschiedene Anstalten aufnehmen. Einziges Symptom ist bei der Aufnahme die Klage des Scheinpatienten, er habe Stimmen gehört, die seien oft unklar, sagten aber Worte wie *leer*, *hohl* und *dumpf*. Rosenhan nennt sie

> *existentielle Symptome ... Es ist, als sagte die halluzinierende Person: 'Mein Leben ist hohl und leer' (ebd., S. 115).*

Ansonsten wurden nur Name, Beruf und Arbeitsplatz verändert. Das Symptom verschwand gleich nach der Einweisung. Während die Mitpatienten die Scheinpatienten oft erkannten — etwa ein Drittel äußerte diesen Verdacht:

> *'Sie sind nicht verrückt. Sie sind ein Journalist oder ein Professor (in Anspielung auf das ständige Notizenmachen). Sie überprüfen das Krankenhaus' (ebd., S. 117) —,*

wurde vom Personal keiner als 'normal' entlarvt. Die öffentlich gemachten Notizen wurden von mehreren Schwestern in die Pathologie integriert:

'Patient ist mit seinen Schreibgewohnheiten beschäftigt' (ebd., S. 121).

Den Scheinpatienten wurden bei einem durchschnittlichen Anstaltsaufenthalt von 19 Tagen insgesamt fast 2.100 Tabletten gereicht, die diese allerdings nur zum Schein schluckten. Ihr durchschnittlicher Kontakt zu Ärzten oder Psychologen betrug pro Tag 6,8 Minuten.

An einem Lehr- und Forschungsinstitut, das die Ergebnisse dieser Studie in Zweifel zog, wurde von Rosenhan ein Gegenexperiment gemacht:

Die Mitarbeiter wurden informiert, daß irgendwann während der folgenden drei Monate einer oder mehrere Scheinpatienten versuchen würden, in das psychiatrische Krankenhaus aufgenommen zu werden ... 41 Patienten wurden von mindestens einem Mitglied des Personals mit hoher Wahrscheinlichkeit für einen Scheinpatienten gehalten. 23 wurden von mindestens einem Psychiater für suspekt eingeschätzt. 19 wurden von einem Psychiater und *einem Mitglied des Personals verdächtigt. In Wirklichkeit wurde während dieser Zeit kein einziger wirklicher Scheinpatient (zumindest nicht aus meiner Gruppe) aufgenommen. Das Experiment ist lehrreich. Es zeigt, daß die Tendenz, Gesunde als Irre zu klassifizieren, sich revidieren läßt, sofern viel auf dem Spiel steht (in diesem Fall Prestige und diagnostischer Scharfsinn)*[1] *(ebd., S. 118).*

Gemäß dem Motto:

Wären Sie nicht krank, dann wären Sie nicht in der Klinik (Goffman 1, S. 361),

werden die sog. Fallgeschichten passend konstruiert, indem aus einem

ganzen Lebenslauf eine Liste jener Vorfälle zusammengestellt wird, die 'symptomatische' Bedeutung haben oder hätten haben können (ebd., S. 154).

Goffman meint, daß zwar die meisten Angaben in Fallgeschichten *im großen und ganzen* zutreffen, daß aber umgekehrt

der Lebenslauf fast eines jeden Menschen genügend ehrenrührige Tatsachen hergäbe, um die fallgeschichtliche Rechtfertigung für eine Hospitalisierung zu liefern (ebd., S. 157).

Rosenhan in seiner Studie:

1 Auch in dem bereits beschriebenen Experiment zur destruktiven Gehorsamsbereitschaft kam es erst bei der Drohung mit juristischen Maßnahmen zu einer kritischeren Betrachtung des eigenen gefährlichen Handelns.

Ein deutliches Beispiel einer solchen Konstruktion fand sich im Fall eines Scheinpatienten, der während seiner frühen Kindheit ein enges Verhältnis zu seiner Mutter hatte, seinem Vater aber ziemlich fernstand. Während der Jugendzeit und später wurde sein Vater jedoch zum engen Freund, wogegen das Verhältnis zur Mutter abkühlte. Sein gegenwärtiges Verhältnis zur Ehefrau war in erster Linie warm und eng. Abgesehen von gelegentlichen zornigen Wortwechseln gab es nur minimale Reibereien. Die Kinder wurden nur selten geschlagen ... Das folgende stammt aus der Zusammenfassung der Fallbeschreibung, die nach der Entlassung des Patienten angefertigt wurde. 'Dieser 39jährige Patient ... hat eine lange Vorgeschichte von starker Ambivalenz in seinen engen Beziehungen schon seit früher Kindheit. Ein warmes Verhältnis zu seiner Mutter kühlt sich während der späteren Jugendzeit ab. Eine kühle Beziehung zu seinem Vater wird als zunehmend intensiv geschildert. Affektive Stabilität fehlt. Seine Versuche, seine Erregbarkeit gegenüber Ehefrau und Kindern zu zügeln, werden durchbrochen von zornigen Ausbrüchen und, im Fall der Kinder, Prügeln. Und obwohl er angibt, mehrere gute Freunde zu haben, fühlt man, daß auch in diese Beziehungen beträchtliche Ambivalenzen eingebettet sind' (ebd., S. 120).

Einerseits werden die 'Symptome' und die Geschichte der Diagnose angepaßt, andererseits kann ein unpassender 'Krankheitsverlauf' auch eine Änderung der Diagnose nach sich ziehen, sofern er nicht doch per Umdeutung integrierbar ist. Hauptsache, das Kartenhaus psychiatrischer Wissenschaftlichkeit aus Ursache-Symptom-Diagnose-Therapie-Prognose fällt nicht zusammen,

weil, so schließt er messerscharf, nicht sein kann, was nicht sein darf (Christian Morgenstern).

In der Psychiatrie werden nicht nur aus Fallgeschichten 'plausible' Ursachen und aus Verhaltensweisen zum 'Krankheitsbild' passende Symptome konstruiert, sondern die Paradoxie wird noch gesteigert, indem auch die nichterfüllte ärztliche Prophezeiung diese beweist. Watzlawick spricht von der Nicht-Falsifizierbarkeit[1]:

Sehr oberflächlich ausgedrückt, ist damit die Fähigkeit gewisser Hypothesen gemeint, ihre eigene Richtigkeit sowohl durch den Erfolg wie durch den Mißerfolg ihrer praktischen Anwendung zu 'beweisen' ... Popper *nennt diese Zirkelschlüsse* selbst-immunisierend *(Watzlawick 5, S. 325).*

1 falsifizieren (Ggs. verifizieren): eine Hypothese durch empirische Beobachtung widerlegen

Gerade die psychiatrische Praxis bestätigt Watzlawick:

> *Eine Phobie, die auf Verhaltenstherapie anspricht, ist* aus diesem Grunde *keine Phobie. – Wieder einmal kann man sich des Eindrucks nicht erwehren, daß es manchen Kollegen wichtiger zu sein scheint, die Theorie und nicht den Patienten zu retten (ebd., S. 326).*

Ein ganz ähnliches Beispiel erfuhr ich von einer Bekannten, die in Erlangen studiert. Sie hatte die Äußerung eines jungen Psychiaters der Universitäts-Nervenklinik Erlangen, Schizophrenie sei unheilbar, mit einer 'Fall'beschreibung widerlegt. Darauf antwortete der Psychiater:

> *Wenn ein Schizophrener geheilt wurde, war's ein Borderline*[1]*, keine Schizophrenie.*

Aberglauben vorwärts und rückwärts! Es kommt einzig darauf an, den unverlaßbaren Rahmen psychiatrischer Diagnostik und Prognostik so weit zu fassen, daß er die Widerlegung seiner Hypothesen durch die Tatsachen als eine Bestätigung seiner Hypothesen mit umfaßt. Der englische 'Anti-Psychiater' Ronald D. Laing schildert die paradoxe Logik dieses Denkens pointiert in einem seiner *Knoten*:

> *Es muß etwas mit ihm los sein*
> *denn so würde er sich nicht verhalten*
> *wenn nichts wäre*
> *also verhält er sich so*
> *weil etwas mit ihm los ist*
> *Er glaubt nicht, daß etwas mit ihm los ist*
> *weil*
> *ein Teil von dem, was*
> *mit ihm los ist*
> *ist, daß er nicht glaubt, daß etwas*
> *mit ihm los ist*
> *also*
> *müssen wir ihm helfen zu erkennen, daß*
> *die Tatsache, daß er nicht glaubt, daß etwas*
> *mit ihm los ist*
> *ein Teil von dem ist, was*
> *mit ihm los ist*
> *(Laing 2, S. 11).*

Goffman beschreibt, wie die *klinische Erfahrung, diese magische Qualität,*

1 Grenzfall

die Interpretation eines jeden Verlaufs in die gewünschte Richtung erlaubt:

Hinzu kommt, daß, während das psychiatrische Wissen den Psychiater häufig nicht zu konkreten Voraussagen über das Verhalten der Patienten befähigt, dieselbe Unwissenheit ihm einen breiten Interpretationsspielraum bietet. Durch post hoc *getroffene Modifikationen und Einschränkungen seiner Analyse kann der Psychiater ein Bild von der Entwicklung des Patienten konstruieren, welches kaum leichter zu widerlegen als zu beweisen ist, so z.B. wenn ein unerwarteter psychotischer Schub so interpretiert wird, als fühle der Patient sich nunmehr sicher und stark genug, um seine Psychose auszudrücken (Goffman 1, S. 352).*

Die solcherart Interpretierten sind nicht nur in der Geschlossenheit der Anstalt, sondern innerhalb dieser in einem Teufelskreis der Argumentation gefangen. Reduziert ein 'Patient' mit der Bemerkung, er wolle dies Gift nicht mehr schlucken, die Einnahme von Psychopharmaka, so wird diese Verweigerung vom Psychiater zum *psychotischen Symptom* gemacht, das mit einer Dosiserhöhung 'behandelt' werden muß:

Zudem zeigt sich beim Schizophrenen eine besondere Neigung zu paranoidem Mißtrauen gegenüber Medikamenteneinnahmen, das zuweilen die Form von Vergiftungsideen annimmt. Das Mißtrauen kann bei zu starker Dosisreduktion als erstes psychotisches Symptom auftreten (zit.n. Rufer 2, S. 34).

Navratil argumentiert ähnlich. Fordern 'Schizophrene' die Entlassung, mangele es ihnen deshalb an Krankheitseinsicht:

Der größte Teil ihrer Schriften besteht allerdings aus Eingaben an die Anstaltsleitung, an Regierungsstellen, Ämter und Behörden, worin sie ihre Entlassung fordern, Angriffe gegen vermeintliche Verfolger richten oder ihre Erfindungen anpreisen. Es fehlt dabei jedes Krankheitsbewußtsein. Auch diese Schriftstücke können sprachlich und formal unauffällig sein (Navratil 1, S. 63).

Wie auch immer sich die Insassen verhalten oder äußern, das Geschick der Gegenseite, es gegen sie zu verwenden, ist groß und kaum zu durchbrechen. Cooper spricht von

einer dreifachen Unmöglichkeit; 1. Falls er lügt ... 2. Falls er die Wahrheit sagt ... 3. Falls er schweigt ... (Cooper 2, S. 131),

aus allem läßt sich das 'Symptom' basteln. Für Cooper ist Verrücktheit der Wahn,

eine unsagbare Wahrheit in einer unsäglichen Situation auszusprechen (ebd., S. 131f.).

Sein Rat an die Verrückten, an

> *Menschen, die an die Wahrheit glauben, daß sie der Mittelpunkt des Universums sind und daß alle Dinge, die passieren, eine besondere Beziehung zu ihnen haben ...,* (lautet:) *Die Wahrheit ist so kostbar und so gefährdet, daß du vorsichtig überlegen mußt, wem du sie sagst (ebd., S. 82).*

Die Lüge, die 'Spaltung des Bewußtseins' werden nötig, um der Anstalt zu entkommen:

> *Psychiatrische Patienten befinden sich in einer besonderen Zwangslage. Um aus der Klinik hinauszugelangen oder um ihr Leben drinnen zu erleichtern, müssen sie so tun, als akzeptierten sie den ihnen zugewiesenen Platz, und dieser ihnen zugewiesene Platz verlangt von ihnen, daß sie die Berufsrolle derer unterstützen, die offenbar diesen Handel erzwingen. Diese selbstentfremdende moralische Knechtschaft* (ist) *wahrscheinlich für die geistige Verwirrung mancher Insassen verantwortlich (Goffman 1, S. 367).*

In der Psychiatrie landen die unvorsichtigen und unnachsichtigen, die in irgendeiner Hinsicht extremen und oft auch hilflosen Menschen. Foudraine spicht von einem

> *unbegreiflich schwachen In-der-Welt-Stehen ... bei 'schizophrenen' Menschen (Foudraine, S. 277).*
>
> *Die Welt wird so erfahren, daß sie nicht beeinflußt werden kann (zit.n. ebd., S. 277f.).*

Im Gegensatz zu der logischen Erwartung, daß 'Behandlung' die *Stärkung eines schwachen Ich* (Foudraine, S. 278) zum Ziel haben müsse, stellt er fest,

> *daß die ganze Literatur über psychiatrische Anstalten auf Kräfte hinweist, die Ich-Schwäche bewirken (ebd.).*

So wirkt die psychiatrische Haltung auf den 'Patienten' besonders fatal:

> *Der Akt, jemanden zu einem Ding zu machen, ist* für diesen *tatsächlich versteinernd. Sich als ein 'Es' behandelt zu sehen, läßt seine eigene Subjektivität von ihm abfließen wie Blut vom Gesicht (Laing 1, S. 40).*

Oft wird von einmal Psychiatrisierten die Diagnose als das einzig Verbindende (zu den Mit'patienten' und zum Personal) angenommen (*wenigstens trifft mich keine Schuld ... wenigstens gibt es ein Wort, das mich faßt ... diese Krankheit ist über mich gekommen, man wird sie mir wieder nehmen*). Damit erfüllt sich die ärztliche Prophezeiung auch von seiten der Diagnostizierten, denn:

> *Nur wenn eine Prophezeiung geglaubt wird, das heißt, wenn sie als eine in der Zukunft bereits eingetretene Tatsache gesehen wird, kann sie konkret auf die Gegenwart einwirken und sich damit selbst erfüllen (Watzlawick 4, S. 95).*

Die Schwelle der Verstehbarkeit

Franza sagt über ihren Mann:

> *Ich weiß, das wirst du nicht verstehen, er konnte keinen Menschen verlängert sehen, über die Grenze hinaus, die er ihm setzte (Bachmann 1, S. 70).*

Wo und warum setzt die Sprache der Macht, der Vernunft, der Normalität ihre Grenzen? Wie hinderlich ist ihre eigene Schwelle ihrer Entfaltung? Woraus speist sich die 'Schwellenangst' vom Behausten zum Fremden hin? Unter den Gesichtspunkten
— Der Schatten der Freiheit
— Die 'normale' Spaltung
— Die *große Zeit der Psychiatrie*
— Die Armut der Sprache
möchte ich diese Fragen näher beleuchten.

Der Schatten der Freiheit

Für Foucault ist der Wahnsinn mit dem Zeitalter der Vernunft, der Aufklärung des 18. Jahrhunderts, von einer der Möglichkeiten der Freiheit zu deren Grenze degradiert worden. Die Vernunft wurde zur Natur des Menschen. So wurde der Wahnsinn, die Unvernunft, ausgeschaltet (s. Foucault 2, S. 131f.). Ich habe mir die komplizierte Sprache Foucaults in einer Skizze hierzu verdeutlicht:

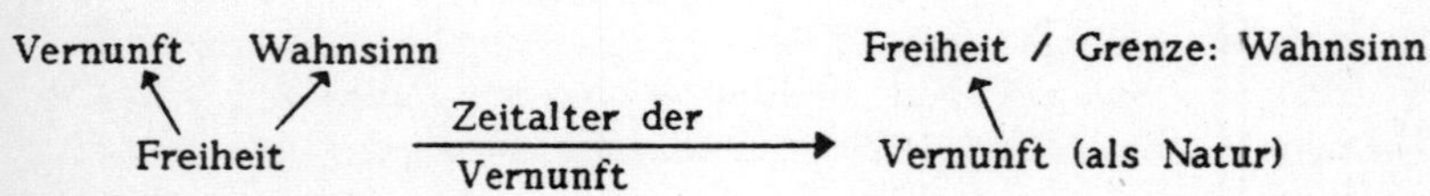

Der Mensch ist, weil mit Vernunft begabt, frei. Er hat nicht mehr die freie Wahl zwischen Vernunft und Unvernunft. Mit Aufgabe der Vernunft verliert er seine Freiheit. Auch für den französischen Strukturalisten Jacques Lacan ist der Wahnsinn der Schatten der Freiheit (vgl. Cooper 2, S. 19). Die Freiheit unter dem Mantel der Vernunft ist nicht mehr

> *die Möglichkeit zu verteidigen, was ich nicht denke, sogar unter einem*

Regime oder in einer Welt, die ich billige ... die Möglichkeit, dem Gegner Recht zu geben (Albert Camus 1945).

Sie grenzt an den Wahnsinn, er verleiht ihr Kontur:

Die Wahrnehmung, die der abendländische Mensch von seiner Zeit und seinem Raum hat, läßt eine Struktur der Ablehnung erscheinen, von der aus man eine Rede denunziert, indem man sagt, sie sei nicht Sprache, eine Geste denunziert, indem man sagt, sie sei nicht Tat, und eine Gestalt denunziert, indem man sagt, sie habe kein Recht, in der Geschichte Platz zu nehmen. Diese Struktur ist konstitutiv für das, was Sinn und Nicht-Sinn ist, oder vielmehr für jene Reziprozität, durch die sie miteinander verbunden sind. Diese Struktur allein kann über jene allgemeine Tatsache berichten, daß es in unserer Kultur keine Vernunft ohne Wahnsinn geben kann, selbst wenn die rationale Kenntnis, die man vom Wahnsinn erwirbt, ihn reduziert und ihn entwaffnet, indem sie ihm den zerbrechlichen Status eines pathologischen Fehlers verleiht (Foucault 1, S. 12).

Man könnte die Geschichte der Grenzen schreiben ..., mit denen die Kultur etwas zurückweist, was für sie außerhalb *liegt (ebd., S. 9).*

Aber:

Man überzeugt sich nicht von dem eigenen gesunden Menschenverstand, indem man seinen Nachbarn einsperrt (Fjodor M. Dostojewskij).

Trotzdem wird mit der psychiatrischen Ausgrenzung genau dies versucht:

Zwar erwirbt der Wahnsinn nun den Status und die Dignität einer 'Geisteskrankheit' (Basaglia-Ongaro, S. 125),

aber die Vernunft behauptet sich auch in der

Barmherzigkeit, die der Krankheit das Recht auf einen besonderen Ort zuerkennt ... Denn das Recht der Krankheit auf einen eigenen Ort ist gleichzeitig deren Verpflichtung auf ihn (ebd.).

Man hat das Bedürfnis zu glauben, daß der Wahnsinn irgendwo einen festen Wohnsitz hat. Man teilt ihm eine Art Reservat zu wie den Indianern in Amerika oder den Schwarzen in Südafrika. Auf diese Weise schafft man sich die Illusion, daß er nur an einem bestimmten Ort zu finden sei und sonst nirgendwo ... Man redet sich ein, das Irrationale sei an einem eigens dafür vorgesehenen Ort konzentriert und lokalisiert. Auf diese Weise macht man sich vor, daß der Rest rational sei, daß man dem Wahnsinn lediglich eine kleine Enklave zu überlassen brauche, um die Herrschaft der Vernunft im übrigen Territorium zu erhalten (Gentis, S. 93f.).

Die 'normale' Spaltung

Die Literaten Karl Kollmann und Bernd Mattheus geben

zu bedenken, ob es nicht so etwas wie flucht in die wirklichkeit gibt (Kollmann/Mattheus, S. 180).

Handelt es sich um

die Realität (, die) *im Namen ihrer 'realistischen' Bewältigung auf Äußerlichkeiten reduziert wird (Gruen, S. 186),*

durchgesetzt von

jenen Menschen, die am weitesten von ihrem Inneren entfernt leben und — um ihre Selbstorganisation aufrechtzuerhalten — immer mehr auf die Lenkung und Steuerung von außen angewiesen sind (ebd., S. 54)?

Arno Gruen, Schweizer Psychoanalytiker und Therapeut, stellt in seinem Buch *Der Wahnsinn der Normalität. Realismus als Krankheit* dem 'schizophrenen'

Kampf mit sich selbst, um mit einer unerträglichen Welt zurechtzukommen,

den *Wahnsinn der Gesunden* gegenüber,

einen Kampf, in dem andere bezwungen werden müssen, damit sie sich selbst sicher fühlen können (ebd., S. 148).

Das Extrem dieser reibungslos funktionierenden Normalität ist für Gruen der *Psychopath, eine subtil konstruierte Reaktionsmaschine* (ebd., S. 161). Die

Pathologie der Anpassung ... die Flucht vor dem Leiden (ebd., S. 20), (das) *Unvermögen, die Verantwortung zu übernehmen für die lang zurückliegende Entscheidung, das durch die Geburt erworbene Recht, man selbst zu sein, preiszugeben (ebd., S. 19),*

kennzeichnen ihn.

Er spricht gar nicht von sich, er spricht nur 'von sich aus.' Auch er selbst wird von sich als Es behandelt (Buber, S. 83),

schreibt der Religionsphilosoph Martin Buber über Napoleon,

der an keiner Wirklichkeit teilnimmt und an dem unermeßlich teilgenommen wird als an einer Wirklichkeit (ebd., S. 82).

Wenn

wir das für Gefühle halten, was tatsächlich nur eine Vorstellung von dem ist, was wir meinen, daß wir fühlen sollten (Gruen, S. 27),

dann ist unsere Identität nicht im unverwechselbar Eigenen als dem persönlichen Wesen lokalisiert, sondern sie wird festgemacht an ihren Grenzen. Antonin Artaud erkannte diese *grundlegende Schwäche* auch bei sich. Er fragte:

Ist der Selbstmord eine Lösung?
... Ich verspüre kein Verlangen nach dem Tod, ich verspüre das Verlangen, nicht zu sein, *niemals in dieses Divertimento aus Dummheiten, Kapitulationen, Entsagungen und bornierten Begegnungen geraten zu sein, das das Ich Antonin Artauds ist, das viel schwächer ist als er. Das Ich dieses umherirrenden Krüppels, der von Zeit zu Zeit seinen Schatten darbietet, auf den er selbst gespuckt hat, und das seit langem, dieses an Krücken gehende, sich dahinschleppende Ich, dieses scheinbare, unmögliche Ich, das sich dennoch in der Wirklichkeit zurechtfindet. Niemand hat wie er seine Schwäche gespürt, die die wichtigste, grundlegende Schwäche der Menschheit ist (Artaud 1, S. 23).*

Liegt es nicht nahe, diese ichfremde Ordnung verlassen zu wollen? Carl Einstein, Schriftsteller:

Wenn ein sympathischer Zeitgenosse sich mit Außerordentlichem abgibt, sperren sie ihn ins Irrenhaus. Meine Herren, der Mann interessiert sich nur nicht für Ihre rationale Welt. Warum wollen Sie denn nicht einsehen, wenigstens daß Ihre Vernunft langweilig ist? (zit.n. Anz 2, S. 153).

Diese Einsicht wäre gefährlich, denn

in gewisser Weise ist der Wahnsinn für jeden von uns eine ständige Versuchung und Gefahr (Jaccard, S. 10),

auf die mit

Panikreaktionen und oft lächerlichen Theoretisierungsversuchen (ebd.)

reagiert werden muß. So wie man einem Menschen,

dessen Sprache man nicht spricht, etwas zu erklären sucht, indem man einfach in der eigenen Sprache lauter spricht! (Foudraine, S. 325f.),

so hält auch nur die machtvolle Abgrenzung das scheinbare Gleichgewicht stabil.

Die Macht sucht ein solcher Mensch ..., um Halt an ihr zu finden und nicht auseinanderzufallen (Gruen, S. 189).

Der Satz: *Wenn ich anfangen würde, mich mit mir selbst zu beschäftigen, könnte ich mir gleich den Strick nehmen* ist mir nicht nur einmal begegnet. Er zeigt, wie auch die Frage Artauds, die Gefahr, die schon bei dem Gedanken an eine Auseinandersetzung mit dem Eigentlichen, dem Eigenen, empfunden wird.

Die *große Zeit der Psychiatrie*

Elmer E. Southard, Psychiater, verkündete 1919:

> *Die Psychiater müssen ihre analytischen Fähigkeiten, ihren eingefleischten Optimismus und ihre erprobte Zielstrebigkeit nicht nur im engen Rahmen offenkundiger Krankheit nutzbar machen, sondern wie früher Seguin auch im Bildungswesen; wie William James auf dem Gebiet der Moral; wie Isaac Ray in der Rechtswissenschaft; und vor allem in der Wirtschaft und Industrie. Ich begrüße die kommenden Jahre als große Zeit der Psychiatrie (zit.n. Szasz, S. 190).*

Diese Zeit ist, nicht zuletzt mit der 'gemeindenahen Sozialpsychiatrie', gekommen:

> *Alle Menschen sind psychiatrisierbar geworden. Die Psychiatrisierung richtet sich indessen nicht unbedingt auf die exzentrischen, seltsamsten, merkwürdigsten Individuen; als Normalisierungs- und Kontrollverfahren kann sie alle treffen und überall wirksam werden (Wambach, S. 391).*
>
> *Wir erleben gegenwärtig eine Verbreitung der Psychiatrie auf allen Ebenen der Gesellschaft, eine Verbreitung, die vom Verschwinden des psychiatrischen Krankenhauses begleitet werden könnte. Die ärztliche und psychiatrische Gewalt, wenn sie auf eine stetige, ja fast mechanische Art ihren Lauf nimmt, würde ihre Herrschaft so weit ausdehnen, daß sie zu einem der Hauptinstrumente gesellschaftlicher Kontrolle und Normierung würde (Jaccard, S. 48).*

Roland Jaccard sieht in seinem Buch *Der Wahnsinn* die Gefahr für *jeden einzelnen,*

> *daß er sich selbst und die anderen unter einem psychiatrischen Gesichtspunkt betrachtet (ebd.).*

So werden

> *immer mehr Menschen ... dazu verdammt, stumm zu sein, es sei denn, es gelingt ihnen, durch die 'Symptome einer Krankheit' zu sprechen (Basaglia-Ongaro, S. 232).*

Nun ist — wenn auch nur angerissen und bruchstückhaft — deutlicher, was die rigide Grenzziehung von der Normalität zum Wahnsinn hin nötig macht. Dem Irrationalen wird — jenseits der Freiheit — ein Schattenreich zugewiesen, das abschreckend genug ist, um seiner Versuchung nicht zu verfallen, und feste Grenzen hat, die den Herrschaftsbereich der Vernunft von außen abstecken. Da die 'normale' ichferne Identität sich an ihren Grenzen findet, müssen diese mit aller Macht gesichert werden. Und da diese Art von Identität eine sehr brüchige, gefährdete ist, muß das Selektionsverfahren immer mehr verfeinert werden und der 'psychiatrische Blick' das andere immer früher erkennen. Daß unter diesen Voraussetzungen ein Dialog unerwünscht ist, ist klar. Die übliche, mehrheitlich verwendete und vom Duden abgesegnete Sprache bietet keinen Raum für das, was sich außerhalb der Normalität äußert. Sie ist, mit allen Beschränkungen und Eigentümlichkeiten, die 'Muttersprache' des 'Vaterlandes' Vernunft, also identitätsstiftend für die, die in ihren Grenzen beheimatet sind.

Die Armut der Sprache

Unter dem Titel *Das Geheimnis des Erfolgs* wurde im Berliner 'Tagesspiegel' vom 11.1.1990 über eine Analyse des *sprachlichen Repertoires der Tagesschau* berichtet. Diese *beliebteste Nachrichtensendung im Fernsehen* (Einschaltquote 25 % aller Haushalte) schöpft aus einem 'Wortschatz' von *rund 2.000 bis 3.000 ständig wiederkehrenden Floskeln*[1]. So wird bei Millionen Zuschauern

> *das trügerische Gefühl* (erzeugt), *alles verstanden zu haben, da ... die sprachlichen Elemente der Nachrichtensendung vertraut*

sind. Auch der Rundfunk ist bemüht, die geistigen Aufnahmekapazitäten seiner Hörer nicht zu strapazieren. Eine Zeitlang geisterte im vergangenen Herbst durch die Presse, der Intendant des Senders Freies Berlin visiere eine weitere *Entwortung* des Rundfunks an. Sollen die Wortbeiträge von ca. dreiminütiger Dauer, die in den Musikteppich eingewebt sind, noch kürzer werden?

Die deutsche Sprache scheint — abgesehen von der 'schönen Literatur', die nur relativ wenige erreicht — ihre Blüten im Blätterwald des berühmt-berüchtigten Amtsdeutschen zu treiben. Im täglichen Gebrauch fällt dagegen der Mangel an Differenzierungsmöglichkeiten auf. Das dichotome Denken — dem binären Code der Computersprache parallel — greift um sich. Soll das eigene Befinden beschrieben werden, decken eine Handvoll Floskeln das Spektrum ab: *alles o.k. ... geht so ... roger ... völlig kaputt ...*

Extreme Zustände werden eher diffus empfunden, man ist glücklich, traurig, verzweifelt oder unter Druck. Aber: Was ist mir geglückt? Welcher Zweifel

1 Das Vokabular eines *gebildeten Erwachsenen* besteht aus einem aktiven Wortschatz von etwa 20.000 und aus einem passiven von etwa 250.000 Wörtern (s. Fischer Lexikon Psychologie, S. 298).

treibt mich um? Wie und wo wächst dieser Druck, der auf mir lastet? Wenn 60 % der gesprochenen und 45 % der geschriebenen Sprache sich auf ca. 200 Wörter konzentrieren (s. Fischer Lexikon Psychologie, S. 298), ist die Artikulationsbasis, der Raum, der zur sprachlichen Kommunikation genutzt wird, relativ eng. Die mehrheitlich verwendete Sprache reicht für die Beschreibung unüblicher, verrückter Erfahrungen nicht aus.

> *So wird denn, sobald die Vernunft dem Wahnsinn das Wort gibt oder bereit ist, ihn anzuhören, das Schweigen zwischen beiden Sprachen unheilbar, da derjenige, der das Wort erteilt, bestimmt, wie sich der andere ausdrücken soll — bei Strafe des unwiderruflichen Ausschlusses von der Verständigung ... Die Geschichte der Psychiatrie besteht nicht zuletzt darin, etwas zum Sprechen einzuladen, das sich in der ihm abverlangten Sprache nicht artikulieren kann ... Und der Wahnsinn — von der Vernunft eingekreist und definiert — muß sich fortan in Termini dieses Deutungsschemas bekunden, das ihm fremd ist, das heißt, im Wortschatz der Krankheit, der ein Wortschatz der Rationalität der Macht ist, welche die Subjektivität des Wahnsinnigen, wie sie sich im Delirium zeigt, enteignet (Basaglia-Ongaro, S. 124f.).*

Foucault nennt die *Sprache der Psychiatrie* einen *Monolog der Vernunft* über *den Wahnsinn* (Foucault 1, S. 8). Er sagt:

> *Wir müssen von jener Geste des Einschnitts, jener eingenommenen Distanz, jener zwischen der Vernunft und dem, was sie nicht ist, hergestellten Leere sprechen, ohne uns je auf die Fülle zu stützen, die zu sein sie vorgibt (ebd.).*

Aber, von der Seite der Vernunft, der Macht also, betrachtet:

> *Selbst zum Schweigen gebracht, selbst ausgeschlossen, hat der Wahnsinn den Wert einer Sprache, und seine Inhalte empfangen ihren Sinn aus dem, was ihn als Wahnsinn herausstellt und abweist (Foucault 2, S. 121f.).*

Sprache im Niemandsland

Niemandsland, das ist der weiße Fleck auf der Landkarte, noch unerschlossen; das ist karges, unfruchtbares, unwegsames Land; das sind Landstriche, die der Mensch der Macht der Natur überlassen muß, wie die Wüste. Niemandsland gehört niemandem, es ist noch nicht besetzt. Hier kann in vielen Sprachen recht gesprochen werden, denn es wird kein Recht gesprochen und keines zugesprochen.

Ich werde hier zu meinem Recht kommen (Bachmann 1, S. 97),

sagt Franza. Aber es ist auch der unbetretbare Streifen zwischen den Staatsgrenzen, der Todesstreifen, die Sicherheitszone der Macht. Hier ist keiner zuhause; es ist der bevorzugte Ort der Dichtung, der *Locus Solus* (Roussel), die *Lessness* (Beckett), wo *Der Namenlose* (Beckett), *Der Ausgestoßene* (Beckett), *Keener* (Laederach), *Nemo* (Kaas) und Kafkas *K.* vergeblich und immer wieder ins *Sprachgitter* (Celan) die *Niemandsrose* (Celan) pflanzen. Sprache im Niemandsland wird laut, also öffentlich, in der Dichtung und in ihren Randbereichen, der *Selbsterfahrungsliteratur*, den *Autopathographien* (Anz 1). Die

> *Bilder, die nie in der Poesie ihren Niederschlag gefunden haben* ... (, die) *Phantasmen ..., die nie die Farben des Wachzustandes erlangt haben ...,* (hält) *nichts in der Zeit fest* ... (Sie existieren) *nur in der Geste der Trennung, die sie bereits denunziert und meistert (Foucault 1, S. 13).*

Dieser Vorbehalt trifft auf die meisten 'Patienten'-Zitate in der Psychiatrieliteratur zu. Sie werden benutzt, um Krankheitstheorien zu stützen. Da kann jemand

sein Krankheitsbild wie ein Sternbild leuchten lassen (Peter Rühmkorf),

das Leuchten interessiert nicht, die Worte werden reduziert zum Symptom. Vor diese Schwierigkeit gestellt, lasse ich hier einerseits verstärkt literarische Texte sprechen, andererseits möchte ich die Sprachlosigkeit und die — oft wortlosen — Äußerungen der Verrücktheit umreißen.

Der Namenlose von Samuel Beckett spricht von der fehlenden Sprache[1] für *dieses Ich ohne Gewähr*:

> *Über mich muß ich jetzt sprechen, selbst wenn ich es mit ihrer Sprache tun muß, es wird ein Anfang sein, ein Schritt zum Schweigen, zum Ende des Wahns, sprechen zu müssen und es nicht zu können, außer von Dingen, die mich nichts angehen, die nicht zählen, an die ich nicht glaube, mit denen sie mich überfüttert haben, um mich zu hindern, daß ich sage, wer*

1 In dieser Paradoxie, der Wortlosigkeit Worte zu verleihen, liegt das Spielerische der Kunst, eine (gerade bei Beckett) wortmächtige Distanz.

ich bin, wo ich bin und daß ich tue, was ich tun muß ... Den Mund nicht auftun zu können, ohne sie zu proklamieren, als ihr Artgenosse, das ist es, wozu sie mich erniedrigt zu haben glauben. Mir eine Sprache eingetrichtert zu haben, von der sie sich einbilden, daß ich mich ihrer nie bedienen könnte, ohne mich zu ihrer Sippschaft zu bekennen, ein feiner Trick ... Teure Verständnislosigkeit, dir werde ich letzten Endes verdanken, ich zu sein (Beckett, Werke 8, S. 442f.).

Wirklichkeit und Wahrnehmung — Wessen Wahrheit ist 'wirklicher'?

Sprache im Niemandsland — worauf gründet, womit begründet sie sich? Welche Wirklichkeit steht hinter ihr, und hinter welcher Wahrheit steht sie? In diesem Kapitel werde ich unter den Aspekten
— Die konstruierte Wirklichkeit
— Die grundlose Wirklichkeit
— Die andere Wirklichkeit
— Sprache schafft Wirklichkeit?
den herkömmlichen Wirklichkeitsbegriff relativieren. Dabei stütze ich mich besonders auf den Konstruktivismus Watzlawicks.

Die konstruierte Wirklichkeit

> *Die Wahrheit ist dem Menschen zumutbar,*

lautet der Titel eines Buches von Ingeborg Bachmann. Ist die Wahrheit wirklich dem Menschen zumutbar? Watzlawick zitiert aus Hans Vaihingers Werk *Die Philosophie des Als Ob* von 1911:

> *... daß das, was wir gewöhnlich Wahrheit nennen, nämlich eine, wie man sagt, mit der Außenwelt zusammenstimmende Vorstellungswelt, daß diese Wahrheit nur der zweckmäßigste Irrtum ist ...* (Es sind) *Fiktionen, mit denen wir rechnen, als ob ihnen Wirklichkeiten entsprächen, notwendige Vorstellungshilfen und Hilfsvorstellungen ... Wir rechnen hier mit Undingen, statt mit Dingen, aber es sind nützliche und unentbehrliche Undinge (zit.n. Watzlawick 5, S. 326).*

Wahr ist, was sich bewährt hat, wirklich ist das Wirksame (s. Kluge). Ausgehend davon,

> *daß Wirklichkeit die Struktur ist, die wir der Welt auferlegen (Watzlawick 1, S. 249),*

meint Watzlawick,

daß man ein einigermaßen sinnerfülltes, schmerzfreies Leben führen kann, solange die eigene Wirklichkeitskonstruktion paßt, *wie der Schlüssel ins Schloß — daß sie uns also den Dienst erweist, den wir uns naiverweise von ihr erwarten ... Wenn unsere Wirklichkeitskonstruktion ... scheitert, kann es zum entsetzlichen Erlebnis der Leere und Sinnlosigkeit kommen, das in Wahn oder Selbstmord münden mag. Auf diese Weise erfahren wir, was die Wirklichkeit* nicht *ist. Wirklich 'ist', was wir wirklich* nennen *(Watzlawick 5, S. 324).*

Wenn wir aber

von der 'wirklichen' Wirklichkeit immer nur das wissen können, was sie nicht *ist (ebd.),*

und wenn auch dieses Wissen nur eine von

zahllosen Wirklichkeitsauffassungen ... (ist,) *die sehr widersprüchlich sein können, die alle das Ergebnis von Kommunikation und nicht der Widerschein ewiger, objektiver Wahrheiten sind (Watzlawick 3, S. 7),*

dann ist auch

das klassische klinische Kriterion für den Grad der geistigen Gesundheit oder Geistesgestörtheit eines Menschen ... seine 'Wirklichkeitsanpassung' (Watzlawick 4, S. 64),

genauso halluzinatorisch ... wie die sich darauf aufbauenden Definitionen von Pathologie (Watzlawick 5, S. 324).

Wenn der Mensch einen Grund, einen Sinn zum Leben braucht (für Watzlawick die *Prämissen dritter Ordnung*), dann wird er, um sich diesen zu erhalten, alles Erleben in die gewünschte/geglaubte Richtung (um-)deuten. Wo diese nützliche Blindheit versagt, der Grund den Tatsachen nicht standhält, wird oft *existentielle Verzweiflung* erlebt,

der schmerzhafte Zwiespalt zwischen dem, was ist, *und dem, was* sein *sollte, d.h., zwischen unseren Wahrnehmungen und unseren Prämissen dritter Ordnung (Watzlawick 1, S. 248).*

Um diesen Schmerz zu vermeiden, hat die Gemeinschaft die Tabuzonen des 'Selbstverständlichen' errichtet. Denn das 'Selbstverständliche' versteht sich, sobald es hinterfragt wird, nicht mehr von selbst. Der Tausendfüßler, befragt, wie er es denn schaffe, so behende die Bewegungen all seiner Füße zu koordinieren, gerät daraufhin ins Stolpern. Wenn alles sich gleichmäßig bewegt, bewegt sich scheinbar nichts. Nur wer stillsteht, nimmt die Bewegung wahr.

Einem Alptraum entkommt man nur durch Aufwachen; aber Aufwachen ist eben nicht mehr Teil des Traums, sondern etwas grundsätzlich anderes, außerhalb *des Traums (Watzlawick 2, S. 46).*

Ob Alp- oder Wunschtraum, wer nicht mitträumt, entzieht dem fraglosen Lauf des Lebens den Grund und wird auch, solange man ihn nicht 'aus dem Verkehr zieht', zum Stolperstein für die anderen. Wie diese sich zu wehren wissen, war Thema des ersten Teils. Woraus wächst aber der Zweifel, der als 'grundlose' Verstimmung, 'sinnloses' Grübeln gleich den Stempel des pathologisch Endogenen aufgedrückt bekommt?

Die grundlose Wirklichkeit

> *Denken Sie nicht aus* einem *Grund, das ist gefährlich — denken Sie aus vielen Gründen (Bachmann 2, S. 22).*

Von Franza heißt es:

> *Sie vermochte nur selber nicht mehr, ihren bestimmten Grund in einen mitteilbaren Satz zu bringen, der Grund war nicht flüssig zu machen, in keiner Rede (Bachmann 1, S. 124).*

Wo der eine Grund sich verliert, es ihn als Grundsatz nicht mehr gibt, tun sich Abgründe auf. Es ist

> *die Verbindung von* zugrunde gehen *und* von Grund auf wissen *(Weigel, S. 81).*

Antonin Artaud, der 1925 den Surrealismus als *ein Mittel zur totalen Befreiung des Geistes* (Artaud 1, S. 34f.) propagierte, um den Menschen

> *die Fragilität ihrer Gedanken zu demonstrieren, und auf welch unsicheren Fundamenten, auf welchen Kellern sie ihre schwankenden Häuser errichtet haben (ebd.),*

war gleichzeitig der Verlorene seines eigenen ungeheuren Anspruchs:

> *Ich bin ein Mensch, der sein Leben verloren hat, und der mit allen Mitteln versucht, es seinen Platz wieder einnehmen zu lassen. Ich bin in gewisser Weise der Anreger meiner eigenen Lebenskraft: Lebenskraft, die mir kostbarer ist als das Bewußtsein, denn das, was bei den anderen Menschen nur Mittel ist, Mensch zu sein, ist bei mir der ganze Grund. Im Verlauf dieser im Niemandsland meines Bewußtseins verborgenen Suche glaubte ich, ein Auflodern zu bemerken, wie der Zusammenstoß von geheimen Steinen oder wie die plötzliche Versteinerung von Feuer. Feuer, die wie unmerkliche und durch ein Wunder belebte Wahrheiten wären. Aber auf dem Weg*

der toten Steine muß man langsamen Schrittes gehen, vor allem einer, der die Kenntnis der Worte *verloren hat (ebd.).*

Alexander Mette zitierte 1928 in seinem Buch über *Spracheigentümlichkeiten Schizophrener* eine 20jährige 'schizophrene' Philosophiestudentin, die — in der Anstalt — nur über Zettel kommunizierte:

Wer aber kennt und ahnt, was hier Verrücktheit sei —
Wie soll ich Rede stehen — da ich ja nichts tu sehen —
seit eigen Leben, Welt und alles ist vorbei —
schon diese Nacht bringt Sorgen — Wo soll ich Atem borgen? —
Es sind die alten Worte —
Und niemand sieht — daß jetzt der Grund schon fortgezogen sei
(zit.n. Navratil 1, S. 72).

Ohne Sinn ist man *von Sinnen*:

sinn ... fallgrube, von der wir angezogen werden, weil das stabile gleichgewicht, die ruhelage immer verführerischer ist als die instabile, schwebende, fragile position: mit angehaltenem atem oberhalb der fallgrube, auf der dachspitze der kontradiktionen. nivellierung und stabilisierung sind eine obsession aller außerkünstlerischen disziplinen; sie schütten beharrlich den abgrund der sinnlosigkeit mit amorphem material zu, während es darum ginge, dessen stetige präsenz anzuzeigen. ich lache also, wenn mir bewußt ist, von welcher fragilen konstruktion ich getragen werde, auf welcher fallgrube ich stehe, wenn die abwesenheit von sinn den primat des realen für einen augenblick aufgehoben hat — ich bin von sinnen (Kollmann / Mattheus, S. 185f.).

Aber:

ich komme mit meinem denken nur soweit, daß mir andere, bessere denkarten denkbar werden, daß mir klar wird, daß es bspw. andere logiken geben könnte; meine logik, die das feststellt, kann ich niemals mehr verlassen (ebd., S. 32).

Niemals? Wo diese Logik doch verlassen wird, büßt die Sprache, als Ausdruck des Denkens, ihre Kommunizierbarkeit ein. Auch wenn man den Satz Foucaults anzweifelt, daß

jene Sprache (des Wahnsinns) *nur jenseits ihrer selbst einen Sinn annimmt (Foucault 1, S. 16)*

und daß die Auseinandersetzung mit ihr notwendigerweise *auf die Höhe der Sprache der Vernunft zu bringen* (ebd.) sei, existiert die Trennung und wird oft mit der zwischen Traum und Wachsein verglichen.

Die andere Wirklichkeit

Die Wachenden haben eine einzige und gemeinsame Welt, von den Schlafenden aber wendet sich ein jeder seiner eigenen zu (Heraklit).
Wer einen Narren belehrt, flickt Scherben zusammen
oder versucht,
einen Schlafenden aus dem tiefen Schlaf zu wecken.
Wer mit einem Narren spricht,
redet zu einem Schlafenden.
Am Ende wird er fragen: Was ist los?
(Apokryphen zur Bibel, Sirach 22,9)

Aber auch:

das Leben ist nur ein um ein Weniges weniger unbeständiger Traum (Pascal, Pensée 386).

Und wenn es in den Apokryphen[1] heißt:

Aus dem Narren aber bricht das Wort heraus
wie das Kind aus dem Leib seiner Mutter (ebd., 19,11),

dann ist damit zwar gemeint, der 'Narr' sei nicht Herr seiner Zunge. Es steckt in dem Bild aber auch die Unaufhaltsamkeit, mit der das Neue, im Selbst Gewachsene zur Welt will. Es kommt nicht von ungefähr, und es hat solche Ausmaße angenommen, daß es nicht mehr zu halten ist. Es ist die andere, unhaltbare Wirklichkeit, die Artaud sagen läßt:

ich denke nicht mehr, aber jeden Tag dirigiere ich etwas genauer furchtbare innere Siedepunkte (Artaud 3, S. 28).

Denken heißt für ihn mehr als bedenken, abwägen und argumentieren:

Denken heißt für mich etwas anderes als nicht völlig tot zu sein; es heißt, in jedem Augenblick wieder zu sich zu kommen, heißt niemals aufhören, sich in seinem inneren Sein zu fühlen, in der unausgesprochenen Masse seines Lebens, in der Substanz seiner Wirklichkeit, heißt in sich kein gravierendes Loch, keine lebenswichtige Abwesenheit fühlen, heißt stets sein Denken seinem Denken gleich empfinden, wie groß im übrigen die Unzulänglichkeiten der Form, die zu verleihen man ihm imstande ist, auch sein mögen (Artaud 2, S. 64).
Zu Tisch
Verlaßt die Höhlen des Seins. Kommt. Der Geist weht außerhalb des Gei-

1 Apokryphen: die von der Kirche nicht anerkannten Zusatzschriften zur Bibel

stes. Es ist Zeit, eure Behausungen zu verlassen. Gebt dem All-Denken nach. Das Wunderbare steht am Ursprung des Geistes.
Wir stammen vom Innern des Geistes, vom Innern des Kopfes. Ideen, Logik, Ordnung, Wahrheit (großgeschrieben), Vernunft: alles überlassen wir dem Nichts des Todes. Gebt auf eure Logik acht; ihr wißt nicht, wohin unser Haß auf die Logik uns führen kann.
Nur durch eine Umleitung des Lebens, nur durch einen dem Geist aufgezwungenen Stillstand kann man das Leben in seiner real genannten Physiognomie festhalten, doch die Wirklichkeit steckt nicht dahinter. Deshalb soll man uns, die wir nach einer bestimmten, überrealen Ewigkeit trachten, die wir uns seit langem nicht mehr als in der Gegenwart befindlich betrachten, und die wir uns zu uns selbst wie unsere realen Schatten verhalten, nicht im Geiste belästigen.
Wer über uns urteilt, ist nicht zum Geist erwacht[1]*, zu jenem Geist, dem wir leben wollen, und der für uns außerhalb dessen liegt, was ihr Geist nennt. Man muß unsere Aufmerksamkeit nicht zu sehr auf die Ketten lenken, die uns an die versteinerte Dummheit des Geistes fesseln. Wir haben ein neues Tier gefaßt.*
Die Himmel entsprechen unserer Haltung unsinniger Absurdität. Diese eure Gewohnheit, Fragen den Rücken zu kehren, wird nicht verhindern, daß sich am vereinbarten Tag die Himmel öffnen, daß sich eine neue Sprache inmitten eurer dummen Machenschaften niederlassen wird, wir meinen, inmitten der dummen Machenschaften eures Denkens.

Abb. 10: Francisco de Goya,
El sueño de la razon produce monstruos

1 *Selbst wenn der Schlaf der Vernunft Ungeheuer gebiert*, das Ungeheuerliche der Tatsachen ist durch keinen Traum zu überbieten. In der Vorrede zu *Der Fall Franza* heißt es: *Denn nichts ist ja, wenn auch nicht gewaltiger, das vielleicht, aber jedenfalls ungeheurer als der Mensch* (Bachmann 1, S. 10).

Es gibt Zeichen im Denken. Unsere absurde und regungslose Haltung ist die der größten Empfänglichkeit. Durch die Klüfte einer von jetzt an unhaltbaren Wirklichkeit spricht eine willentlich sibyllinische Welt (Artaud 1, S. 38f.).

Diese Abrechnung mit der herrschenden Vernunft und dem Schlaf derer, die noch *nicht zum Geist erwacht* sind, die Risse der *unhaltbaren Wirklichkeit* nicht sehen, zitierte ich wegen der explosiven Mischung der Sprache aus Wucht, Anmaßung und Rücksichtslosigkeit gegen sich und alle ungekürzt.

Sprache schafft Wirklichkeit?

Was leistet Sprache? Ist sie

das bunte Gerede des An-
erlebten — das hundert-
züngige Mein-
gedicht, das Genicht
(Celan 1, S. 31)?

Begrenzt, verhindert Sprache den Eintritt der Gedanken und Gefühle in die Wirklichkeit? Ist es schon zuviel erwartet, so Ingeborg Bachmann,

einen einzigen Satz haltbar zu machen
auszuhalten in dem Bimbam von Worten
(Bachmann 5, S. 53)?

Kann man der Sprache entwachsen? Reicht sie nicht zu[1]? Oder kann Sprache, wie in einem ihrer früheren Gedichte, sogar die Rettung bedeuten:

Wort, sei von uns,
freisinnig, deutlich, schön.
Gewiß muß es ein Ende nehmen,
sich vorzusehen. ...
Mein Wort, errette mich!
(Bachmann 3, S. 106)?

1 *Du reichst nicht zu, du reichst nicht zu*
Nicht mehr länger, du schwarzer Schuh (Plath, S. 107)

Ingeborg Bachmann hat sich 1959/60[1] in ihren Frankfurter Vorlesungen zu den *Problemen zeitgenössischer Dichtung*, zur Rolle der SchriftstellerInnen und ihrem Umgang mit der Sprache geäußert:

> *Der Fragwürdigkeit der dichterischen Existenz steht nun zum ersten Mal eine Unsicherheit der gesamten Verhältnisse gegenüber. Die Realitäten von Raum und Zeit sind aufgelöst, die Wirklichkeit harrt ständig einer neuen Definition, weil die Wissenschaft sie gänzlich verformelt hat. Das Vertrauensverhältnis zwischen Ich und Sprache und Ding ist schwer erschüttert (Bachmann 2, S. 12).*
>
> *Mit einer neuen Sprache wird der Wirklichkeit immer dort begegnet, wo ein moralischer, erkenntnishafter Ruck geschieht, und nicht, wo man versucht, die Sprache an sich neu zu machen, als könnte die Sprache selber die Erkenntnis eintreiben und die Erfahrung kundtun, die man nie gehabt hat. Wo nur mit ihr hantiert wird, damit sie sich neuartig anfühlt, rächt sie sich bald und entlarvt die Absicht. Eine neue Sprache muß eine neue Gangart haben, und diese Gangart hat sie nur, wenn ein neuer Geist sie bewohnt (ebd., S. 16).*

Das Gedicht *Wahrlich* endet mit der Feststellung im Ton eines Gebots:

> *Es schreibt diesen Satz keiner,*
> *der nicht unterschreibt*
> *(Bachmann 5, S. 53).*

Dies bedeutet nicht, die Wirklichkeit so wahrheitsgetreu wie möglich abzubilden. Muschg sagt, die Kunst stehe *im Dienst der Ordnung*, aber *einer anderen, eigenwilligen Ordnung* (Muschg, S. 201). Dabei könne sich der Realismus des Autors aber

> *der Ausdrucksformen nicht mehr bedienen, die unsere Zivilisation für realitätsgerecht hält, weil die Lebensgefährlichkeit dieser Realität inzwischen auch der schwächsten Phantasie in die Augen springen muß ... Der Autor, dessen Arbeit den Gleichgewichtssinn bewahren möchte, hat seine Sprache absetzen müssen von derjenigen des menschlichen Verschleißes. Sie hat, bis in ihren schöpferischen Kern, brechen müssen mit Ritual und Gewohnheit (ebd.).*

Sein Schreiben unterschreiben heißt seine Worte verantworten können, und

> *Verantwortung bedeutet, mit der eigenen Stimme zu antworten (Cooper 2, S. 33).*

Gemäß dem Satz Sigmund Freuds *Der Glückliche phantasiert nie* ist es der

1 wie 20 Jahre später an gleicher Stelle Adolf Muschg

Künstler, der zum Sprecher dessen wird, der *in seiner Qual verstummt*[1] ist. Er geht,

> *auf das unheimlichste im Freien, mit seinem Dasein zur Sprache ... wirklichkeitswund und Wirklichkeit suchend (Celan 2, S. 129).*

Paul Celan sagt in dieser Rede, er habe

> *Gedichte zu schreiben versucht: um zu sprechen, um mich zu orientieren, um zu erkunden, wo ich mich befand und wohin es mit mir wollte, um mir Wirklichkeit zu entwerfen (ebd., S. 128).*
>
> *Das Gedicht will zu einem Andern ... Es sucht es auf, es spricht sich ihm zu ... es gibt wohl, mit jedem wirklichen Gedicht, ... diese unabweisbare Frage, diesen unerhörten Anspruch (ebd., S. 144f.).*

Dieser *unerhörte Anspruch* schlägt da, wo er der Realität und der Sprache nur radikal genug abgefordert wird, die Brücke zum Wahnsinn.

Kunst heilt nicht, sagt Muschg, Kunst argumentiert nicht, sie verwirft

> *jeden, der sich mit* bekannten *Antworten davor zur Ruhe setzt. Der Reiz des Kunstwerks ist untrennbar von seiner Irritation; was an ihm, der Form nach, als Gelingen zu beruhigen scheint, setzt im Betrachter eine Unruhe frei, die er sonst nicht kennt und ohne Kunstwerk nicht kennenlernen würde. Es stellt Fragen von Existenz zu Existenz; es hat keine Botschaft, es ist eine. Sie kann immer doppelt gelesen werden ... Sie* muß *doppelt gelesen werden — das ist auch ärgerlich; wer Hilfe braucht, ärgert sich daran (Muschg, S. 51).*
>
> Kunst *zeigt die Tatsachen im Licht der Erfindung ... Sie läßt auch das Unmögliche und absolut Verbotene möglich scheinen und schafft Tatsachen, als wären sie nicht wahr ... Was wir wirklich nennen, erscheint im Lichte des Möglichen als Zufall (ebd., S. 47).*
>
> *Kunst ist das stärkste bekannte Stimulans des 'Möglichkeitssinns' ... Das Kunstwerk ist ein Spielfeld, auf dem die Umgangsformen mit dem Erfüllbaren und dem Unerfüllbaren geübt werden können (ebd., S. 178).*

Wenn Kunst, hier die Dichtung, auch nicht neue Wirklichkeiten schafft, sie zeigt die *Möglichkeit des Andersseins* (Titel eines Buches von Watzlawick) auf. Sie behandelt *die Wirklichkeit ... als Aufgabe und Erfindung* (Musil, S. 16).

> *Es ist ein Sinn für die mögliche Wirklichkeit ...* (Er) *kommt viel langsamer ans Ziel als der den meisten Menschen eignende Sinn für ihre wirklichen Möglichkeiten (ebd., S. 17).*

1 *Und wenn der Mensch in seiner Qual verstummt,*
Gab mir ein Gott, zu sagen, wie ich leide (Goethe, S. 95)

Grenzerfahrung und Sprachgrenze

Am Rande der Sprache

> *Und Franza hatte Worte und dann wieder keine (Bachmann 1, S. 35).*
> *Franza sprach zusammenhängend, aber sehr langsam, als müßte sie jedes Wort von der Zungenwurzel bis zu den Zähnen schieben (ebd., S. 36).*

Der österreichische Philosoph Ludwig Wittgenstein schrieb im Vorwort zu seinem 1918 verfaßten *Tractatus logico-philosophicus*:

> *Man könnte den ganzen Sinn des Buches etwa in die Worte fassen: Was sich überhaupt sagen läßt, läßt sich klar sagen; und wovon man nicht reden kann, darüber muß man schweigen. Das Buch will also dem Denken eine Grenze ziehen, oder vielmehr — nicht dem Denken, sondern dem Ausdruck der Gedanken: Denn um dem Denken eine Grenze zu ziehen, müßten wir beide Seiten dieser Grenze denken können (wir müßten also denken können, was sich nicht denken läßt). Die Grenze wird also nur in der Sprache gezogen werden können, und was jenseits der Grenze liegt, wird einfach Unsinn sein (Wittgenstein 1, Vorwort, S. 7).*

Diese logistische Abhandlung der Möglichkeiten des Denkens an den Möglichkeiten der Sprache hat die zeitgenössische Philosophie erheblich beeinflußt. Mit einfachen Worten, aber in größter Radikalität, nach der er dann auch lebte, begrenzt Wittgenstein das logische Denken und — für ihn — damit das sinnvolle Sprechen. Drei der sieben Hauptsätze des Traktats lauten:

> *3. Das logische Bild der Tatsachen ist der Gedanke.*
> *4. Der Gedanke ist der sinnvolle Satz.*
> *7. Wovon man nicht sprechen kann, darüber muß man schweigen.*
> *(Wittgenstein 1)*

Cooper meint hierzu:

> *Wie der Poet, so leugnet auch der Verrückte den Wittgensteinschen Satz, daß man schweigen soll über das, was man nicht sagen kann ... Gerade das Unsagbare und Unaussprechliche ist's, das im verrückten und poetischen Diskurs ausgedrückt sein will (Cooper 2, S. 22).*

Das Unsagbare existiert für Wittgenstein. Er spricht nur der Philosophie ab, es in sinnvollen Sätzen sagen zu können. Die Philosophie

> *4.114 ... soll das Denkbare abgrenzen und damit das Undenkbare. Sie soll das Undenkbare von innen durch das Denkbare begrenzen.*

4.115 Sie wird das Unsagbare bedeuten, indem sie das Sagbare klar darstellt. (ebd.)

Und an anderer Stelle:

Die Ergebnisse der Philosophie sind die Entdeckung irgendeines schlichten Unsinns und Beulen, die sich der Verstand beim Anrennen an die Grenzen der Sprache geholt hat. Sie, die Beulen, lassen uns den Wert jener Entdeckung erkennen (Wittgenstein 2, § 119).

Die subjektive Notwendigkeit, bis an die Wort- und die Schmerzgrenze zu gehen, Muschg spricht von der *Heillosigkeit* als Bedingung künstlerischer Produktion, macht die *Würde dieser Arbeit ... in ihrer Radikalität* (Muschg, S. 119) aus.

Nun steckt aber in jedem Fall, auch im alltäglichsten von Liebe, der Grenzfall, den wir, bei näherem Zusehen, erblicken können und vielleicht uns bemühen sollten, zu erblicken. Denn bei allem, was wir tun, denken und fühlen, möchten wir manchmal bis zum Äußersten gehen. Der Wunsch wird in uns wach, die Grenzen zu überschreiten, die uns gesetzt sind,

sagt Ingeborg Bachmann, und sie fährt, fast beschwörend, fort:

Nicht um mich zu widerrufen, sondern um es deutlicher zu ergänzen, möchte ich sagen: Es ist auch mir gewiß, daß wir in der Ordnung bleiben müssen, daß es den Austritt aus der Gesellschaft nicht gibt und wir uns aneinander prüfen müssen (Bachmann 4, S. 76).

Aber es gibt ja den Austritt (oder den Tritt, den Rausschmiß) aus der Gesellschaft, und an dieser hauchdünnen Stelle zwischen Grenzgängertum und Grenzüberschreitung oder -übertretung wird vermutlich die Frage entschieden, ob jemand noch Künstler oder schon verrückt ist. Findet dieser Mensch an den Grenzen die *Form* des Kunstwerks, auf die *kein Schatten des Beliebigen fallen* (Muschg, S. 129) darf, setzt er *das äußerste Zeichen* (ebd., S. 118), kommt er zur Sprache?

Denn dies bleibt doch: sich anstrengen müssen mit der schlechten Sprache, die wir vorfinden, auf diese eine Sprache hin, die noch nie regiert hat, die aber unsere Ahnung regiert und die wir nachahmen ... Wir besitzen sie als Fragment in der Dichtung, konkretisiert in einer Zeile oder Szene, und begreifen uns aufatmend darin als zur Sprache gekommen (Bachmann 2, S. 94f.).

Unter den Stichworten

— Kunst an der Sprachgrenze
— Literarische Mode Wahnsinn
— Zwischen Kunst und Wahnsinn

— Unverständliche Sprache
beschäftige ich mich mit der Grenzfindung zwischen Sprache und Sprachlosigkeit sowie zwischen dem, was Kunst und dem, was Wahnsinn genannt wird.

Kunst an der Sprachgrenze

Peter Gorsen, Wiener Kunstgeschichtler, sagt:

> *Die fragwürdig gewordene Sprache — die Erfahrung, daß vorgegebene Sprachkonventionen quer zum Erkenntnisprozeß liegen oder sich ihm schablonenhaft entfremdet haben, ist der kritische, schöpferische Anlaß einer nach außen hin erscheinenden Bewußtseins- und Sprachkrise (Gorsen, S. 42f.).*

Ihm erweist sich

> *die unverständliche, zerfahrene oder verstummende Sprache der literarischen Avantgarde ... als ernst zu nehmende Sabotage klischierter Sprach- und Sprechgewohnheiten (ebd., S. 44).*

Die Illusion der Gemeinsamkeit der Sprache,

> *daß der Partner die Wirklichkeit selbstverständlich so sehen muß, wie sie ist — das heißt, wie* ich *sie sehe (Watzlawick 2, S. 86),*

soll aufgebrochen werden, um deutlich werden zu lassen,

> *wie Churchill es einmal für Engländer und Amerikaner so elegant ausdrückte, nämlich, daß sie eine* gemeinsame *Sprache* trennt *(ebd.).*

Immer wenn es um die

> *Ästhetik der Verweigerung, des Verschweigens, der kryptomanischen Absurdität oder sogar Sprachlosigkeit (Gorsen, S. 41)*

geht, wird in der Literaturtheorie der *Brief des Lord Chandos* von Hugo von Hofmannsthal (1902) zitiert[1]. Gorsen schreibt hierzu:

> *Wort und Wirklichkeit sind nicht adäquat; es ist nicht ihr Abbild, sondern ein willkürlich gefundenes, konventionelles Zeichen ... Die Namen der Dinge sind häufig nur ihre äußerlichen Etiketten, Spielmarken im Sprech-*

1 *... die abstrakten Worte, deren sich doch die Zunge naturgemäß bedienen muß, um irgendwelches Urteil an den Tag zu geben, zerfielen mir im Munde wie modrige Pilze ... Es gelang mir nicht mehr,* (die Dinge) *mit dem vereinfachenden Blick der Gewohnheit zu erfassen. Es zerfiel mir alles in Teile, die Teile wieder in Teile, und nichts mehr ließ sich mit einem Begriff umspannen* (Hofmannsthal, S. 131ff.).

verkehr, 'flatus vocis' (Zungenschlag), und ein Denken, das sie deshalb verweigert und in ungewöhnliches Schweigen verfällt, kann eine Beschränktheit aus Stärke genannt werden (ebd., S. 42).

Schöpferische Konsequenz sei

die gewaltsame Befreiung der Sprache aus dem sie eingrenzenden und definierenden Sinnhorizont, die radikale Trennung von Bedeutung und herkömmlichem Wort, dem Bedeutungsträger — für eine wortsinnbefreite, unkonventionelle Lautsprache (ebd., S. 25).

Aber:

Der pathologische Sprachgestus der Literaten — jegliche Simulation und Anempfindung des Pathologischen durch die ästhetische Opposition an der Literaturfront — ... (ist) für den Markt produziert *(ebd., S. 45).*

Literarische Mode Wahnsinn

An der Gesundheit, liebe Gemeinde, krankt die Welt.[1]

Thomas Anz hat in seinem Buch über *Medizin, Moral und Ästhetik in der deutschen Gegenwartsliteratur* drei *Diskursregeln* für deren Umgang mit den Begriffen 'gesund' und 'krank' aufgestellt:

1. *Die Rede von den pathogenen Verhältnissen (Anz 1, S. 80)*
2. *Wo das Etikett 'krank' zur moralischen Abwertung bestimmter Eigenschaften und Verhaltensweisen eingesetzt wird, richtet es sich ... gegen Kollektivsubjekte (ebd., S. 130).*
3. *werden kulturell dominante Konventionen im Gebrauch der Begriffe 'gesund' und 'krank' außer Kraft gesetzt beziehungsweise in ihr Gegenteil verkehrt (ebd.).*

Anz stellt in seiner detaillierten Analyse der literarischen Mode seit 1976/77[2] fest, daß bei der Einhaltung dieser drei verbindlichen Regeln aufklärungskritisch *mit den gleichen Denkmodellen und Bildern* (ebd., S. 143) operiert wird wie im Namen der Aufklärung, nur unter anderem Vorzeichen:

Als animalisches, unzivilisiertes Wesen, das seine Triebnatur so wenig wie seine Einbildungskraft zu kontrollieren vermag und sich über die intersub-

1 Aus Walter Vogts Roman *Der Vogel auf dem Tisch* (Vogt 2, S. 109).

2 *Autopathographien ... Selbsterfahrungsliteratur ... Verständigungstexte ... Neue Subjektivität der siebziger Jahre* (Anz 1, S. 63ff.)

jektiv geltenden Normen der theoretischen wie der moralischen Vernunft eigensinnig hinwegsetzt, gilt der Wahnsinnige beiden. Für die einen indes ist er, so gesehen, Inbegriff des Bösen und für die anderen Verkörperung alternativer Werte: der Sinnlichkeit, Phantasie, Spontaneität, Authentizität und Sensibilität, des Unkonventionellen, Eigentlichen und Lebendigen (ebd.).

Dem pejorativen Sinn, den gegenwärtig so exzessiv gebrauchte Begriffe wie 'Ausgrenzung', 'Grenzziehung' oder auch 'Territorialisierung' haben, entspricht die Aura, mit der so emphatisch (wenn auch unterschiedlich) gebrauchte Begriffe wie 'Grenzerfahrung' oder 'Grenzüberschreitung' umgeben sind (ebd., S. 146).

Für mich war diese Analyse der dichotomischen Aufwertung des Wahnsinns als Mode sehr aufschlußreich. Sie hat mir mein Unbehagen an zu klaren, einfachen und vereinfachenden literarischen und quasiwissenschaftlichen neueren Texten erklärt. Hatte ich vorher die literarischen Texte eher nach persönlicher Affinität zum Autor oder zur Autorin ausgewählt, war mir das Kriterium jetzt deutlicher: Ein Gewicht kann ich nur den SchriftstellerInnen beimessen, von denen ich weiß, daß sie in, wenn nicht mit ihrem Leben einstehen für das, was sie sagen und schreiben[1].

Zwischen Kunst und Wahnsinn

Man hat sich mit Sätzen von Laing-Cooper-Basaglia behängt wie mit schönen exotischen Amuletten. Und verzückt hat man sich gegenseitig die melancholischen einfachen Sätze über die Liebe vorgelesen, die der schizophrene Dichter Alexander im Auftrag des guten Onkel Navratil niedergeschrieben hatte (Goetz, S. 78).

Der Schizophrene Alexander[2] hat aus eigenem Antrieb niemals zur Feder gegriffen, er ist zum Schreiben jedes einzelnen seiner Gedichte genötigt worden (Navratil 1, S. 156).

Dieser Kranke zeichnete nur auf Aufforderung. Er mußte dabei immer angespornt werden ... Während er so zeichnete, kam mir der Gedanke, ihn

1 gemäß dem bereits zitierten Bachmannschen: *Es schreibt diesen Satz keiner, der nicht unterschreibt.*

2 Pseudonym für Ernst Herbeck

ein Gedicht schreiben zu lassen. Ich bat ihn darum und nannte ihm den Titel 'Der Morgen'. Er schrieb mit Unterbrechungen, fuhr aber ohne Zögern fort, sobald man ihn ermahnte ... Nun mußte Alexander bald zeichnen, bald Gedichte schreiben[1]. *Ich fühlte mich durch seine poetischen Äußerungen stark angesprochen. So nebenbei sammelte ich die Gedichte und versuchte mir einen Kommentar dazu zu machen ... Zu meinem Vergnügen habe ich die Gedichte Alexanders gesammelt, Bemerkungen und Exkurse dazu geschrieben (ebd., S. 7f.).*

So forderte Navratil ihn zu seinem Vergnügen auf, einen Brief an einen Freund zu schreiben, und Alexander, dessen Befinden sich mit Einsatz der Neuroleptika *besserte*, denn (!) er

ließ sich vor allem auch zur Arbeitstherapie heranziehen. Er hatte keine Neigung mehr davonzulaufen ... gehorchte ... ohne Widerspruch (ebd., S. 97f.),

und schrieb:

... Auch
die gefan — gernegroß. gen.
Schaft Dieb. ist bald zu
Ende? Dein Alexander
(zit.n. ebd., S. 97).

Alexander, ein Mensch, der im Krieg 19jährig die Arbeit in einer Munitionsfabrik nicht ertrug und daraufhin mit 60 Insulinschocks 'behandelt' wurde, der zwei Jahre später mit dem Krampfgift Cardiazol und nach weiteren drei Jahren — nach sechs Monaten beim Militär — elektrisch geschockt wurde, war überzeugt, nicht krank zu sein, und *entwich* mehrmals, wurde aber *von der Gendarmerie aufgegriffen und zurückgebracht* (Navratil 1, S. 88ff.). Sein Leben lang in der Gewalt der Anstalt, fragte er unter den Augen des Arztes verschlüsselt:

Auch die Gefangenschaft ist bald zu Ende?

und schob dazwischen die Wörter *gernegroß* und *Dieb*. Damit schrieb er dem vergnügten Sammler Navratil nicht etwa seine ohnmächtige Not ans Herz, sondern er lieferte ihm ein Kapitelchen *Ersparung und Erweiterung* in *Schizo-*

1 Robert Walser, der 1933 gegen seinen Willen in die Anstalt Herisau bei St. Gallen gebracht und für 'schizophren' erklärt wurde, erklärte damit auch sein Schriftstellerleben für beendet: *Es ist ein Unsinn und eine Roheit, an mich den Anspruch zu stellen, auch in der Anstalt zu schriftstellern. Der einzige Boden, auf dem ein Dichter produzieren kann, ist die Freiheit. Solange diese Bedingung unerfüllt bleibt, weigre ich mich, je wieder zu schreiben. Damit, daß man mir ein Zimmer, Papier und Feder zur Verfügung stellt, ist es nicht getan* (zit.n. Seelig, S. 18).

phrenie und Sprache, in welchem sich Navratil spitzfindig mit Alexanders *Scheu vor der Direktheit* (was wunder bei der erlittenen 'Behandlung') und seiner *schizophrenen Ambitendenz* befaßt:

> *Zunächst wollte Alexander sagen: 'Auch die Gefangenschaft ist bald zu Ende.' Eine plötzlich empfundene Scheu vor der Direktheit dieser Feststellung rief jedoch einen Gegenantrieb hervor, der den schon begonnenen Satz unterbrach, aber kein völliges Verstummen zur Folge hatte. Alexander schrieb also weiter; was er aber jetzt anschloß, mußte einerseits den Sinn des ursprünglich Gemeinten durchkreuzen, konnte aber andererseits doch nur aus dem Material bestehen, das gerade bereitet und verfügbar war. Daher der gleichlautende Anfang des Wortes 'gernegroß' und der beiden Teile des Wortes 'gefan...genschaft', zwischen die er gesetzt worden ist. 'Dieb' schließlich wiederholt klanglich das vorangegangene 'die'. Ob die auf solche Art assoziierten Wörter 'gernegroß' und 'Dieb' auch noch einen besonderen Bedeutungsgehalt haben, ist fraglich. Wir zögern jedoch nicht, darin eine Art Selbstbeschuldigung zu erblicken, welche in schizophrener Ambitendenz dem Wunsch nach Freiheit, noch während er sich in Worte kleidete, entgegentrat (ebd., S. 147).*

Hier zögert Navratil (*wir*: Pluralis majestatis?) nicht. Alexander zögerte aus gutem Grund, den Wunsch nach Freiheit in direkte Worte zu kleiden. Vielleicht verkleidete er ihn lieber selber, bevor der Arzt ihn in die neuroleptische Zwangsjacke steckt. Könnte der *gernegroße Dieb* nicht Navratil sein und das Diebesgut die Freiheit seines 'Patienten', auf dessen Kosten sich Navratil *gerne* einen *großen* Namen als Psychiater machen will? Wollte er den von ihm abhängigen Ernst Herbeck großziehen zu einem anderen, nämlich *Alexander* (dem 'Großen'), um ihn dann seines *Ernst*es berauben zu können? Wortspiele und Fremdassoziationen sind auch in dieser Richtung möglich.
Ich habe die Geschichte zwischen Navratil und Alexander so ausführlich wiedergegeben und kommentiert, weil sie beispielhaft ist für das, was Gorsen die *Ästhetisierung des Pathologischen* (Gorsen, S. 52) nennt, ich würde hier sagen: die Ästhetisierung des Leidens, zum Zwecke der *besseren unproblematischen Aneignung und der Konsumierbarkeit* (ebd.). Wo Kunst, was immer das sei, *zur Dekoration des Status quo mißbraucht* (ebd.) wird, wo sie den Mangel kompensieren soll, statt ihn aufzudecken (s. Anz 1, S. 187), wird sie *auf dem wege der assimilation kastriert* (Kapralik, S. 132). Und wo *pathologisches Ausdrucksmaterial*, was immer das nun sei, zu *Art brut*[1] *und Textes*

1 Der Begriff 'art brut' (Rohkunst) wurde seit 1945 von Jean Dubuffet auf *Erzeugnisse aller Art* angewendet.

bruts für den Markt (Gorsen, S. 45) aufbereitet wird, wird von seiten des *Verwerters* eine *sublime Form der Herrschaft* ausgeübt, die *nur die Formseite daran schätzt* (ebd., S. 53) und die Aussage nicht wahr- oder, wenn dies, nicht ernst nimmt. An dieser Stelle, der Frage des gesellschaftsverändernden Potentials, treffen sich — bei aller Andersartigkeit der sonstigen Behandlung — Kunst und Wahnsinn. Beide werden heute, auf unterschiedlichem Wege, 'unschädlich' gemacht:

> *Der freie Markt, den das Kapital immer wieder erzeugt, um die Freiheit immer wieder gewinnbringend zurückzunehmen, hat nun auch den Künstler zum 'freien' gemacht. Er muß sich als Narr oder Hofnarr verwerten. Dem Wert, den er qua Künstler hervorbringt, haftet ein Paradox an, daß er, sofern er ihn verkaufen kann, für seine Unbrauchbarkeit honoriert wird (Muschg, S. 138).*

> *Das Gewaltige an der modernen Kunst ist ja gerade, daß sie in einer Welt der Technik und des unaufhaltsamen naturwissenschaftlichen Fortschritts groß und ungerührt ins Infantile regrediert — daß sie DaDa sagt, wo sie nach Ansicht der Professoren Dankeschön sagen sollte, für Schweigegelder, Treueprämien und Dienstaltersgeschenke, womit man sie auszeichnet und verlacht (Vogt 1, S. 174).*

> *die anarchische gebärde in den rahmen von literatur und kunst ist dem staat genehm, belegt sie doch seine toleranz und schließlich: verhindert die kunstübung nicht, daß ein künstler sich entschließt, ein wirklicher geistes-'kranker' zu werden, zu einer echten bedrohung seiner festen? (Kapralik, S. 133)*

Kunst als unerbittliche Suche, als zielloses, aber angetriebenes Unterwegssein

> *ich spreche von einer bewegung nicht im sinne eines ziels: sie führt zu keinem ort, der dem denken einen fixpunkt gewähren würde, und das heißt für den derart aktiven grausamkeit (Kollmann / Mattheus, S. 27f.)*

lebt, wie der Wahnsinn, in der *grausamkeit, der entflieht, wer in der sprache steht* (ebd.). Bernd Mattheus sagt weiter:

> *ich habe nie den eindruck gehabt, daß ich mich mit kunst beschäftige, sondern mit leuten, die erfinder, verrückte, monomanen etc. waren, die die unerträglichste existenzform sich ausgesucht haben und unterwegs zeichen gegeben haben (ebd., S. 28).*

> *die grenze zu überschreiten hieße aber, die garantie zu fliehen, es zu riskieren. deshalb sagte ich, daß man das ziel aufgeben müßte, den kleinen und unmittelbaren zugewinn verwerfen. ein rücksichtsloses heraustreten, du ahnst, daß diese art von souverän nicht auf der seite stehen wird, die man gemeinhin die der gewinner nennt (ebd., S. 59).*

Muschg spricht von der *eigenen Gefährdung,*

> *um die objektive Gefahr, in der sich die Zivilisation befindet, zu markieren ... Es gehört dazu, daß ein Mensch sich selbst aufs Spiel setze (Muschg, S. 119).*

Denn:

> *Die Kunst hilft nicht. Aber sie ist da, wo uns nicht mehr zu helfen ist; wo Hilfe nicht mehr helfen kann (ebd., S. 133).*

Unica Zürn beschreibt in ihrem autobiographischen Buch *Der Mann im Jasmin. Eindrücke aus einer Geisteskrankheit*, wie das Finden von Anagrammen[1] für sie beides ist, *gefährliches Fieber* und *unerschöpfliches Vergnügen:*

> *Das alte gefährliche Fieber der Anagramme hat sie gepackt. Eines nach dem anderen entsteht. Gefährlich für sie, weil sie sich wieder vollkommen gegen ihre Umwelt abschließt. Eine neue Krise, von ihr nicht bemerkt, kommt auf sie zu. Keine Halluzinationen, nichts Außergewöhnliches, aber man bemerkt eine Veränderung an ihr. Sie schläft und ißt nicht mehr, sie will frei sein (Zürn, S. 104).*
>
> *Unerschöpfliches Vergnügen für sie: Das Suchen in einem Satz nach einem anderen Satz. Die Konzentration und große Stille, die diese Arbeit verlangen, geben ihr die Chance, sich gegen ihre Umwelt vollkommen abzuschließen — ja, selbst die Wirklichkeit zu vergessen — das ist es, was sie will (ebd., S. 18).*

Denn:

> *in* Wirklichkeit, *in* meiner *Wirklichkeit nämlich, habe ich mich schweigend davongemacht ... Und das ist meine Erlösung: meine Krankheiten, die meine Rettung und Wiedergeburt sind (ebd., S. 151).*
>
> *Einmal nahm sie den Satz:*
> Hinter dieser reinen Stirne
> *und untersuchte ihn auf sein Anagramm hin:*
> *Hinter dieser reinen Stirne*
> *redet ein Herr, reist ein Sinn,*

1 Ana-: wieder, gemäß, entsprechend
-gramm: Schrift, Abbildung, Darstellung
Anagramm (griech.): Umstellung der Buchstaben eines Wortes zu anderen Wörtern; Buchstabenversetzrätsel. Es steckt z.B.:
in inniger Riese
eine Irrsinnige.

irrt ein Stern in seine Herde
rennt ein seid'ner Stier. Hier
der Reiter Hintersinn, seine
Nester hinter Indien — Irr-See
Irr-Sinn, heiter sein — Ente der
drei Tinten-Herrn — reisen sie
— ein Hindernis! — Retter seiner
Dinten-Herrn — ist es eine Irre?
(ebd., S. 18)

Ein Anagramm setzt einen Satz oder ein Wort absolut, um aus ihm dann alles Sagbare herauszuholen. Dazu nimmt es ihn — fremd wie ein Rätsel zunächst, offen für alle Deutungen — auseinander, um zu sehen, 'was drinnen ist', und zerstört ihn damit auch. Die Vielfalt der möglichen Lesarten eines Satzes wird im Anagramm buchstäblich genommen. Man kann hierfür psychologisch/psychiatrische Vokabeln wie 'konkretistisch' oder 'magisches Denken' heranziehen; man kann aber auch sehen, daß hier die — nur durch Konvention gesicherte — Gleichsetzung von Wort und Ding, Zeichen und Bezeichnetem[1] persifliert wird. Den Wörtern sollen ihre ungenutzten Möglichkeiten, ihr Eigen- und *Hintersinn*, wieder abgewonnen werden. Der Wittgensteinsche Satz:

Die Grenzen meiner Sprache bedeuten die Grenzen meiner Welt (Wittgenstein 1, 5.6)

wird hier erprobt, indem die Sprachgrenze gezogen wird, um dann immer wieder mit allem, was die Sprache hergibt, dagegen anzuschreiben. Das Kunstwerk, sagt Muschg,

wendet sich gegen die bestehende Kultur und denunziert sie als unmenschliche; es ist der vollendete Ausdruck der Unmenschlichkeit. Aber eben als vollendeter, das heißt: sinnlich reicher, formal kompromißloser, öffnet es im Unmöglichen der Wirklichkeit eine Tür für die Vorstellungskraft: das ist so — muß das so sein? (Muschg, S. 120f.)

Alfred Bader, Schweizer Psychiater und Psychotherapeut, spricht, ähnlich der *Tür für die Vorstellungskraft* Muschgs, von einem Tor des Gartens der Träume:

Ich stelle mir den Ort, an dem unsere Träume entstehen, als einen Garten vor, der eingezäunt ist. In diesem Garten verliert das logische Denken seine

1 Denn *in der Leere zwischen Significans und Significatum lebt nicht bloß die 'Sprache', sondern in unerhörter Weise erst recht das, was man Dichtung nennt, und der Wahn* (Vogt 1, S. 171).

Gültigkeit, man findet dort nur Irrationales. In privilegierten Momenten, wenn wir inspiriert sind, dürfen wir den Garten mit einem Fuß betreten. Dem Künstler ist es vielleicht zuweilen erlaubt, ganz hineinzugehen, das Tor des Zauns bleibt dann offen, er kann jederzeit wieder hinausgehen. Der

Abb. 11:
Hans Hanko, 1975

Schizophrene hingegen, der die Verbindung mit der Realität verliert, bleibt in diesem Garten eingeschlossen. Das Kranksein liegt nicht am Garten, denn dieser ist ja in jedem Menschen vorhanden. Die Krankheit Schizophrenie liegt vielmehr darin, daß das Tor des Gartens versperrt ist und der Kranke zum Gefangenen wird. Das Funktionieren des Tores gibt den

> *Ausschlag: Pathologie einerseits, Gesundheit und sogenannte normale Kreativität andererseits. Kunst wird nicht vom Alltagsmenschen geschaffen, der nur im Schlaf Zugang zu dem Garten findet und beim Erwachen all das beiseite schiebt, was er im Traum hat wahrnehmen können (Bader, S. 132).*

Eine poetische Vision des 'Zaubergartens' (ebd., S. 133) fand Bader in dem Bild des Wiener Künstlers Hans Hanko (s. Abb. 11). Baders Sprachbild hat, gerade in seiner Einfachheit, etwas Bestechendes. Aber verlieren die als 'schizophren' Bezeichneten wirklich *die Verbindung mit der Realität?*

> *Sicher ist nichts so falsch wie der Mythus von der Krankheit, die nichts von sich selber weiß (Foucault 2, S. 74).*
>
> *Selbst ein Wahn von höchster Konsistenz erscheint dem Kranken allenfalls ebenso real wie das Reale; im Spiel der beiden Realitäten, in dieser theatralischen Doppeldeutigkeit, offenbart sich das Bewußtsein von der Krankheit als Bewußtsein von einer anderen Realität ... Das Singuläre seiner Erfahrung entkräftet ihm nicht die Gewißheit, die sie begleitet, aber er erkennt, indem er ihn zugibt, ja sogar bestätigt, den seltsamen und schmerzvoll einmaligen Charakter seines Universums; indem er zwei Welten gelten läßt, äußert er im Hintergrund seines Verhaltens ein spezifisches Bewußtsein von seiner Krankheit (ebd., S. 78).*

Könnte es sein, daß der 'Schizophrene' das Tor zur 'Wirklichkeit' zwar weit offenstehen sieht, aber diese ihn gar nicht reizt? Oder umgekehrt, wenn das Tor verschlossen ist, wer hat es aus welchem Grund verschlossen? Wer hat die Schlüsselgewalt? Und wessen macht sich schuldig, wer das 'siebente Zimmer' Blaubarts betreten oder vom 'Baum der Erkenntnis' essen will? Und, im Bild bleibend, was wird aus dem *Zaubergarten*, wenn die Künstler *jederzeit wieder hinausgehen* können? Wenn das ein Kommen und Gehen ist, werden dann die Wiesen der Träume nicht plattgetreten, ihre Blumen hinausgetragen, ihre Tiere verschreckt? Verliert der Garten dann nicht den Reiz des Verbotenen? So wie die Rapunzeln[1] besonders gut schmecken, weil sie unter Einsatz des Lebens im Garten der bösen Zauberin gestohlen wurden, so kann auch die 'blaue Blume'[2], wenn sie erst an jedem Wegesrand wächst, die Kunst nicht mehr inspirieren. Vielleicht ist der Garten der Träume aber auch ein Garten der Alpträume, der 'wirklicheren' und darin unerträglichen Wirklichkeit, dem, wer ihn einmal betreten hat, nicht mehr entkommt.

1 im Märchen *Rapunzel* der Brüder Grimm

2 aus Novalis' *Heinrich von Ofterdingen*, Symbol der Romantik

Unverständliche Sprache

So widersprüchlich wie meine Gedanken zum *Zaubergarten* sind auch die Aussagen der — in der Ablehnung der Psychiatrie einigen — Autoren Artaud und Cooper zur Verständlichkeit der verrückten Sprache:

> *Jede wahre Sprache ist unverständlich (Antonin Artaud).*
>
> *Die Sprache der Verrücktheit ist eine allgemein verständliche Sprache (Cooper 2, S. 141).*

Während Artaud meint, erst eine ganz von der Konvention befreite, durch keinen Mehrheitsbeschluß legitimierte Sprache könne wahr im Sinne von eigen-tlich sein, ist Cooper überzeugt, daß verrückte Sprache da, wo das Gegenüber sich mit einer *neuen Geisteshaltung* (ebd., S. 141) auf den Dialog einläßt, verstanden werden kann.

Mich interessiert weniger die gestörte Mitteilbarkeit der verrückten Aussage als die Tauglichkeit der Sprache selber zu diesem Zweck. Benedetti, der sich im Bereich der sogenannten Psychosentherapie einen Namen gemacht hat, zitiert folgende sprachskeptischen Äußerungen 'psychotischer Patienten', die wohl auch ihre Skepsis bezüglich der Patient-Arzt-Beziehung beinhalten:

> *Die Sprache ist oft unbrauchbar, denn ich weiß nicht im entferntesten, was die Dinge überhaupt bedeuten, die man ist, die Dinge mit ihren Verwandlungen und Bewegungen. Ich bin völlig überrumpelt, wenn etwas Ichhaftes entsteht am Rande des Einschlagkraters ihrer Worte; hat das etwas mit mir zu tun? (zit.n. Benedetti, S. 33)*
>
> *Ich verstehe zwar den Satz intuitiv, aber kaum halte ich im Lesen inne, um ihn besser zu durchdringen, bricht er auseinander, in tausend Gedanken zerfallend (ebd., S. 69).*
>
> *Wenn Sie mit Ihren Worten wie absolute Bomben solche Zacken entstehen lassen, kann man nicht mit Worten sagen, was es für Existenzen sind, weil die Sprache nur für Ich-Menschen gemacht ist; aber was ich sagte, ist nichts Wirkliches, nur etwas, was immer mehr verschwindet. Darum hat die Sprache keine Chance (ebd., S. 25f.).*

Hier ist die mächtige, zerstörerische Wirkung der Sprache von der anderen Seite her beschrieben. Für Benedetti erscheint

> *der Zerfall des Selbst ... als eines Bezugsortes der inneren und äußeren Wirklichkeit ... im Wahn als ein fundamentales Merkmal der akuten Schizophrenie: Wahn als grundsätzliches Anderssein von Welt und somit als adäquateste Selbstwahrnehmung. Der schizophrene Wahn ist eine 'Grenzsituation der Existenz', der Ort, wo sich diese in ihrer ganzen Abgründigkeit offenbart (Benedetti, S. 34).*

Und damit dieser Abgrund, sofern vorhanden, nicht psychiatrisch-'helfend' zugeschüttet wird, lasse ich hierzu Muschg sprechen über das

Unmögliche, auf dem einer bestehen kann ..., daß Grenzsituationen vorkommen, in denen 'Hilfe' sich geistig und körperlich verbietet, und wo darauf, daß Einem nicht zu helfen war, die Glaubwürdigkeit seiner Botschaft, der Realitätssinn seines Werks beruht (Muschg, S. 127).

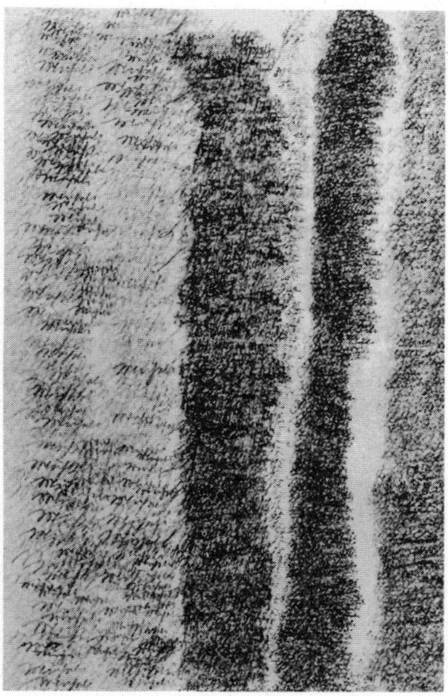

Abb. 12:
Frau H., Bleistiftzeichnung

Für das Werk Artauds, das er mit fast einem Jahrzehnt in Irrenhäusern sehr teuer bezahlte, trifft Muschgs Feststellung des totalen und darin heillosen Anspruchs zu:

Ich, ich bin derjenige, der, um sein zu können, sein Angeborensein auspeitschen muß (Artaud 2, S. 7).

Diese Kruste der Worte, die abfällt, man darf sich nicht einbilden, daß die Seele nicht darin eingeschlossen sei ... Daß die Seele die Sprache im Stich läßt oder die Sprache den Geist, und daß dieser Bruch in die Ebenen der Sinne gleichsam eine gewaltige Furche aus Verzweiflung und Blut zieht, das ist der große Schmerz, der nicht die Kruste oder das Gebälk aushöhlt, sondern den STOFF der Körper (ebd., S. 110).

Auch Ingeborg Bachmanns Franza stößt auf den *Schmerz, seltsames Wort* und auf *die Angst, ... kein Begriff*:

Schmerz, seltsames Wort, seltsames Ding, in der Naturgeschichte des Menschen dem Körper zugedacht, aus dem Körper abgewandert und brisanter gemacht in seinem Gehirn ... dieser wahnsinnige Schmerz, der sich alle paar Stunden ein anderes Feld aussucht, um mich auszuprobieren (Bachmann 1, S. 107).

Die Angst ist kein Geheimnis, kein Terminus, kein Existential, nichts Höheres, kein Begriff, Gott bewahre, nicht systematisierbar. Die Angst ist nicht disputierbar, sie ist der Überfall, sie ist (der) *Terror, der massive Angriff auf das Leben (ebd., S. 74).*

Hier erreicht die Existenz eine Grenze, an der — wie Artaud es in der *Korre-*

spondenz der Mumie sagt —

diese Stimme ... nicht mehr die Wege des Tons beschreitet ... (und) *diese Hand ... mehr als die Geste des Greifens vergessen hat (Artaud 1, S. 71).*

Wenn dichten heißt, einen Inhalt so ver-dichten, daß die Form ihm entspricht, dann ist die Zeichnung einer Psychiatrie-Insassin (s. Abb. 12) vielleicht ein Gedicht.

Sprachlos

Hier geht es um die Kapitulation der Sprache angesichts der Geschehnisse und um die Kapitulation des Ichs vor der Sprache. Mit der Ahnung, daß das Sprachlos vielleicht eine Niete ist

Was gibt es überhaupt zu sagen? (Cooper 2, S. 28),

will ich unter den Stichworten:

— Präzision des Verschwiegenen
— Rückzug
— Flöße
— Reise
— Wüste

die Bedeutung und Aussagekraft des Nichtmehrsprechens erkunden und auch die Öffnung anderer Wahrnehmungsformen, die es erfordert und ermöglicht.

Präzision des Verschwiegenen

Martin konnte erst wieder mit Franza rechnen, als sie die ausgekratzten Zeichen sahen, in Dêr el-B'ahari, in dem Tempel der Königin Hatschepsut, von der jedes Zeichen und Gesicht getilgt war an den Wänden ... (von) *dem dritten Tuthmosis. Siehst du, sagte sie, aber er hat vergessen, daß an der Stelle, wo er sie getilgt hat, doch sie stehen geblieben ist. Sie ist abzulesen, weil da nichts ist, wo sie sein soll ... Er hat sie nicht zerstören können. Für sie war das nicht Stein und nicht Geschichte, sondern, als wär kein*

Tag vergangen, etwas, das sie beschäftigte ... Diese Zerstörungswut, mit Meißeln ausgeführt, dieses Auslöschenwollen einer großen Figur (Bachmann 1, S. 104f.),

erinnert Franza an das, was ihr durch Jordan, ihren Mann, angetan wurde, wenn auch langsamer, planvoller, kälter[1], zeitgemäßer[2], ohne die Wut der Zerstörung. Aber: *Sie ist abzulesen, weil da nichts ist, wo sie sein soll.* Die Negation, wenigstens die, das Schweigen, wenigstens das, löscht keiner. Bezogen auf die Kunst, denn *der verlorene Ort ist derjenige der Dichtung* (Muschg, S. 52), heißt das:

> *Dieses Nichts könnte so genau sein wie in einer japanischen Kalligraphie das Verhältnis der umgebenden Leere zum schwarzen Zeichen. Das Zeichen besagt so viel, daß das im Kunstwerk nicht Ausgesagte nicht nur ausgespart ist; daß sogar der Gesichtspunkt des Präzisen zutrifft auf das Verschwiegene; daß es im Spiel bleibt, wenn wir den Blick dafür haben (ebd.).*

Umgekehrt wird aber auch

> *mit dem Instrument des Sagens ... an Unsagbares gerührt. Dasselbe gilt für den Wahn (Vogt 1, S. 171).*
>
> *Hört man jemandem zu, der in 'voll abgeflogenem Wahn' redet, dann kann man tatsächlich seine Ohren verstopfen, indem man versucht, den Inhalt der Wörter zu interpretieren oder indem man den lächerlichen Versuch macht, in der gleichen Sprache zu antworten. Die Wörter versuchen das Unsagbare auszudrücken, und dies ist nie der Inhalt der Wörter, sondern gerade das Schweigen, das auf einzigartige Weise durch die Wörter gebildet wird. Daher lauschen wir, wenn wir unsere Ohren aufsperren, gerade auf das Schweigen in seiner präzisen, spezifischen Aussage (Cooper 2, S. 110).*

Denn:

> *wer immer sich der sprache bedient, ist von vornherein auf das schwerste in mitleidenschaft gezogen. wo es authentizität gäbe, da nur in der sprachlosigkeit, jedenfalls jenseits von allem eingängigen (Kollmann / Mattheus, S. 116).*

Für Paul Celan zeigt das Gedicht, diese Sprachkunstform des Aussparens schlechthin,

> *eine starke Neigung zum Verstummen ...* (es) *behauptet sich am Rande seiner selbst (Celan 2, S. 143):*

1 Jordan *zerlegte* (Bachmann 1, S. 70), *bearbeitete* (ebd., S. 73), *vereitelte* (ebd., S. 78) sie.

2 ... *er ist heutiger als ich* (ebd., S. 80), sagt Franza.

Deine Frage – deine Antwort.
Dein Gesang, was weiß er?

Tiefimschnee,
Iefimnee,
I-i-e-
(Celan 1, S. 39).

Schweigen ist auch: nicht antworten, die Antwort, die Lösung schuldig bleiben:

> *wer wollte auch noch antworten haben, sie bleiben ohnedies nur im hals stecken (Kollmann / Mattheus, S. 117f.).*
>
> *Je mächtiger die Antwort, umso mächtiger bindet sie das Du, bannt es zum Gegenstand ... Alle Antwort bindet das Du in die Eswelt ein (Buber, S. 50).*

Rückzug

Wer mit der Lampe allein ist,
hat nur die Hand, draus zu lesen.
(Celan 2, S. 147)

Für die Schriftstellerin Mariella Mehr, die in ihrer Kindheit über Jahre *gefangen in dumpfer kontaktarmut* (Mehr, S. 12) stumm blieb, heißt

> *autismus: der welt begegnen und ihre botschaft mit schweigen erwidern (ebd.).*

Den 'autistischen' Rückzug aus der Welt als Antwort auf eine extreme Lebenssituation beschreibt Jaccard so:

> *Wenn einem das Leben keinen anderen Ausweg als den unmittelbar bevorstehenden Tod zu bieten scheint, wenn persönliches Handeln es einem nicht mehr gestattet, ein unwiderrufliches Schicksal zu ändern, wenn der Verlust von Hoffnung selbst noch die Möglichkeit tötet, sich eine Hoffnung vorzustellen, dann bleibt nichts anderes, als sich in sich selbst zurückzuziehen, um jenen letzten Funken von Leben, auf den das Dasein sich reduziert, vor der Negation zu bewahren. Ist es mitunter noch zu beängstigend, das Bewußtsein auf das vom Überleben zu reduzieren, so kann selbst dieses abgeschafft werden. Dann wird derjenige, der ein Subjekt gewesen ist, zu einem Ding, unempfindlich für das, was von außen einschlägt und es von innen befällt; und die Grenze der Psychose wird überschritten (Jaccard, S. 91).*

Auch für Benedetti ist

> *der Autismus ... die Rettung der Individualität in eine die Individualität par excellence zerstörende Psychose (Benedetti, S. 23).*

Statt von einer Unempfindlichkeit der Innenwelt spricht er von deren Überflutung:

> *Die Paradoxie des Autismus zeigt sich darin, daß er sich einerseits als Schutzschild anbietet, der den Fluß der Wahrnehmungsreize eindämmt; andererseits setzt er den Menschen rettungslos den Vorstellungen der Innenwelt aus, die sonst von den aus der Außenwelt einströmenden Informationen gehemmt werden (ebd., S. 95).*

Die — schon im ersten Teil geführte — Diskussion um die Problematik von Etikettierungen könnte hier wieder aufgenommen werden. Was heißt 'Autismus'? Wer maßt sich an, die sich in keinem Wort ent-äußernde Innenwelt eines als autistisch bezeichneten Menschen zu kennen? Die Schwierigkeit, verrückte Sprache mit der Sprache der Vernunft und trotzdem annähernd zu erfassen, steigert sich noch, wo es um die Frage verrückter Sprachlosigkeit geht. Mit Sprache *ohne Sprache* sein, die Profession Paul Celans:

> *STEHEN, im Schatten*
> *des Wundenmals in der Luft.*
>
> *Für-niemand-und-nichts-Stehn.*
> *Unerkannt,*
> *für dich*
> *allein.*
>
> *Mit allem, was darin Raum hat,*
> *auch ohne*
> *Sprache. (Celan 1, S. 23)*

Aber auch das Gedicht ist, wo es kunstvoll das Schweigen bespricht, noch weit von diesem entfernt. Denn es geht *zur Sprache* (Celan 2, S. 144) und spricht dort vom Rückzug.

Flöße

Fernand Deligny, der (ursprünglich Lehrer) seit 1965 mit 'autistischen' Kindern in den Cevennen lebt und arbeitet (ohne psychiatrische Absicht und ohne staatliche Subventionen), beschreibt den besonderen Ansatz seiner Arbeit so:

Alles was ich sagen kann
was ich sagen muß
ist: daß wir nie versuchten
herauszufinden
was SIE hatten
oder wovon SIE befallen waren
Wir fingen an uns auf die Suche zu machen
nach dem was uns fehlen könnte
woran uns ernstlich
mangeln könnte (Deligny, S. 21).

> *Aus dem Zusammensein mit einem autistischen Jungen* (entstand) *dieser 'Versuch' ... gedacht für Kinder von durchschnittlich acht oder neun Jahren. Diese 'autistischen' oder 'psychotischen' Kinder kommen zu einer Art Aufenthalt hierher, das heißt sie sind vorübergehend hier, machen gleichsam eine Reise (ebd., S. 114).*

> *Ein Autist — der in der Vakanz der Sprache lebt, die uns zu dem macht, was wir sind — sieht alles und ist von nichts betroffen, auch nicht von dem, was möglicherweise den einen oder anderen von uns Eigentümern des Worts frohlocken läßt (ebd., S. 119).*

Deligny und seine MitarbeiterInnen leben — fern der Zivilisation — als Wanderschäfer mit den Kindern. Sie erschließen sich neue Orte, stellen Zelte auf, bauen, säen, waschen, kochen, backen, versorgen die Tiere und suchen so über das gemeinsame Machen Anhaltspunkte des Kontakts.

> *In diesem Raum, wo die Zugehörigkeit zur Sprache ihr Spiel nicht spielt (ebd., S. 35),*

bahnen sie sich einen Weg

> *am Leitfaden der Intuition eines anderen Pols, der den eingefleischten Gebrauch der Sprache ablenkt und zurückweist. Es gibt andere Wege als die der Stimme und des Worts (ebd.).*

Es geht darum,

> *eine Geste zu machen, als ob sie ein Ding wäre ...* (, und) *wenn man es richtig macht, also ohne damit allzuviel bedeuten zu wollen, stellt sich heraus, daß gerade dadurch alles möglich wird*[1] *(ebd., S. 129).*

1 denn, wie Torquato Tasso in Goethes gleichnamigem Schauspiel über seine Gönnerin Prinzessin Leonore sagt, *wenn sie auch*
Die Absicht hat, den Freunden wohlzutun
So fühlt man Absicht, und man ist verstimmt (Goethe, S. 30).

Wenn es eine Absicht gibt, dann die, *Interpretationen zu untersagen* (ebd., S. 35), *dem Konjugierbaren* (zu) *entwischen* (ebd., S. 137),

> *jene Infinitive*[1] *zu erfinden oder wiederzufinden, die die Sprache unablässig zu ihrem Vorteil unterschlägt (ebd., S. 120).*

Denn:

> *Der Irrtum, der am weitesten verbreitet ist, ist der, daß wir uns einander, ohne das geringste Bedenken, gleichen wollen. Wer auch immer der Andere sein mag, zu einem ist ER unweigerlich verurteilt: Unseresgleichen sein zu müssen (ebd., S. 38).*
>
> *Wir wollen jene — außerordentlichen — Seiten, die ein autistisches Kind uns offenbaren kann, nicht vollständig zerstören (ebd., S. 128).*
>
> *worauf also*
> *sich verlassen*
> *wenn die Sprache*
> *fehlt*
> *auf unsere Augen auf unsere Hände*
> *wir fingen an Spuren aufzuzeichnen*
> *... wir zeichneten*
> *die Fährten auf*
> *die jedes dieser Kinder hinterließ*
> *dadurch gelang es ein wenig von dem zu sehen was sich*
> *unserem Blick entzieht (ebd., S. 16ff.).*

Die *Flöße*, die

> *'Karten', diese selbst verfertigten Werkzeuge, um das Feste, Formulierte zurückzuweisen (ebd., S. 117),*

sind dabei die Anhaltspunkte der MitarbeiterInnen, sie zeichnen die Bewegungen der Kinder nach, die Verbindungen über das *Machen*:

> *Dieses* Floß *ist ein Ruder ..., um mit dem unwiderruflichen Faktum, daß wir von der Sprache abdriften, umzugehen, um zu manövrieren — in einer Drift, die uns immer schon ergriffen hat, ohne daß wir wüßten, wohin sie uns treibt (ebd., S. 93).*

1 in-finit, also unbegrenzt, unbestimmt

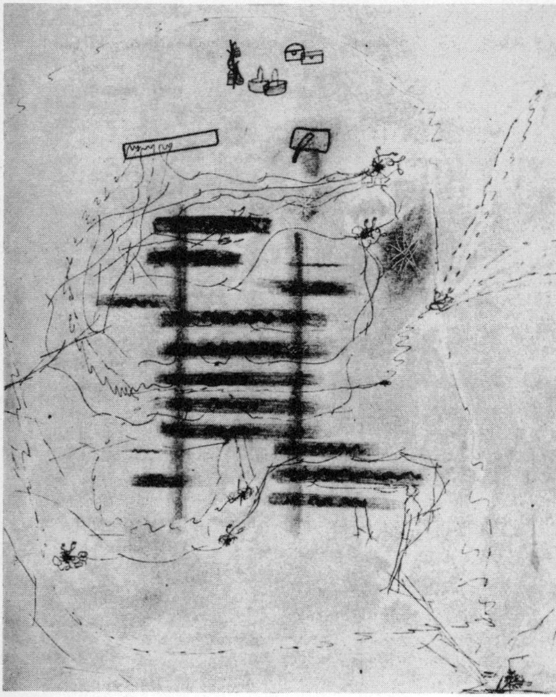

Abb. 13:
Fernand Deligny,
Karte 1 — Le Séré, 1975
Dieses alte Floß von Le Séré ist mehr als sechs Jahre alt. Es ist in Graniers entstanden, einem Ort, den wir die untere Insel nannten. ... Die Anwesenheit der Kinder wurde in Gestalt der Linien ihrer Bewegungen, die mit chinesischer Tusche gezogen sind, in die Karte eingetragen. ... Wenn diese Linien an einem MACHEN vorüberführen, das zum Bereich des Gewohnten gehört, wird ein  *eingetragen; letzteres folgt, wenn es sich um ein gewohntes Machen handelt, dem von uns vorgesehenen Verlauf, der mit einem Graphitstift eingezeichnet ist. Vertikal eingetragen sind die Abwesenheiten von diesem 'Wir', horizontal die 'Planken der Dinge, die zu machen sind', also alles, was im Laufe eines Tages zu erledigen ist* (Deligny, S. 90).

Und zwischen die *Flöße* und die 'Reise' noch einmal Wittgenstein:

> *Denke, du kämst als Forscher in ein unbekanntes Land mit einer dir gänzlich fremden Sprache. Unter welchen Umständen würdest du sagen, daß die Leute dort Befehle geben, Befehle verstehen, befolgen, sich gegen Befehle auflehnen, usw.? Die gemeinsame menschliche Handlungsweise ist das Bezugssystem, mittels dessen wir uns eine fremde Sprache deuten (Wittgenstein 2, § 206).*

Verstehen bedeutet für den Ethnologen Hans Peter Duerr,

> *daß wir nicht mehr etwas (Fremdes) als etwas (Vertrautes) erkennen, wie es das platonische Modell der Erkenntnis als 'Wiedererinnerung' nahelegt, sondern daß wir lernen, wie ein Wort in einer fremden Umgebung gebraucht wird, wie es in einen fremden Bedeutungszusammenhang* eingreift *(Duerr, S. 156).*

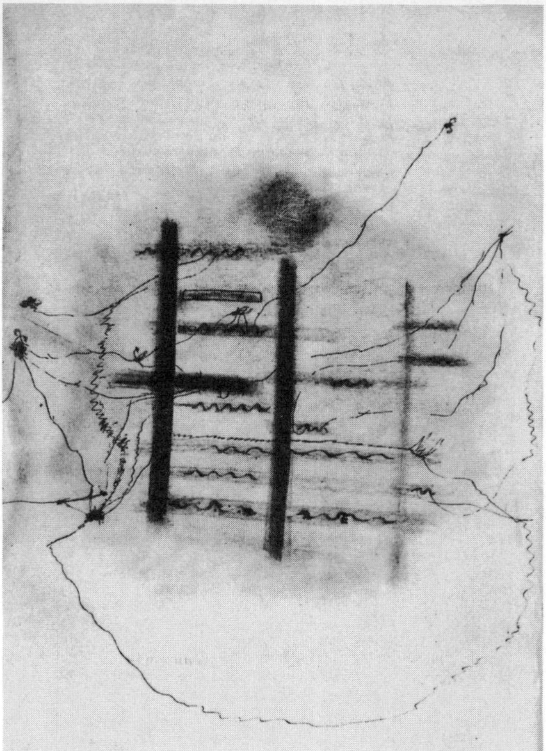

Abb. 14:
Fernand Deligny,
Karte 2 — Monteau, 1975
Ein ganz neuer Ort, ohne alles, so daß gleich nach der Ankunft ein Junge die beiden Kürbisflaschen packte, um sie an der fast ausgetrockneten Quelle in der Nähe des Lagerplatzes, von dem wir an jenem Morgen aufgebrochen waren, zu füllen. Drei Anwesenheiten, als senkrechte Striche gezeichnet, darunter eine neu hinzugekommen ... Es gibt noch keinen Verbindungsort, *überall um die Anwesenheit ist es weiß, der Grauton gibt nur das bereits Gewohnte wieder. Bleibt noch die Anwesenheit der Herde einzuzeichnen, die wichtigste von allen. Aber 'in welchem Sinn', in welcher Richtung? Waagrecht eingezeichnet wäre sie der wichtigste Balken des Gewohnten. Senkrecht gezeichnet, wäre sie (wie) eine Person. ... Keinesfalls entbehrlich jedoch war das 'Abwaschen', stärker als alle übrigen Planken hat es den Charakter eines* Floßes, *da die Linien hier Zuflucht suchen* (Deligny, S. 95).

Reise

> *Denn die Tatsachen, die die Welt ausmachen — sie brauchen das Nichttatsächliche, um von ihm aus erkannt zu werden (Bachmann 1, S. 14),*

heißt es gleich auf den ersten Seiten im *Fall Franza*.
Der Forscher,

> *der Ethnologe wird zwar als ein Veränderter, doch nicht als ein ganz anderer* (von seiner Reise) *zurückkehren, denn sonst hätte nicht* er *eine Erkenntnis gewonnen (Duerr, S. 156).*

Für ihn als den Veränderten, der er geworden ist, hat

> *die einst heimische Welt viel von ihren Heimlichkeiten verloren ... Aber wie eine* selbst*verständliche Welt keine* verständliche *Welt ist, so wird er* jetzt *vieles von seiner Welt zum erstenmal verstehen (ebd., S. 160).*

Ihm hat sich die Heimat *zur Kenntlichkeit entfremdet* (Anz 1, S. 159), sagt Thomas Anz, der in dem Kapitel *Initiationsreisen durch Wildnis und Wahnsinn* Parallelen zieht zwischen dem *dreiphasigen Modell der Initiationsreise (Aufbruch, Unterwegssein, Wiederkehr)* (ebd., S. 157) und den *psychischen, aber auch körperlichen ... 'Initiationskrankheiten'* (ebd.), die *krisenhafte Durchgangsstadien zu einer höheren Form der Gesundheit* (ebd.) seien. Der *Einsamkeit des Grenzgängers* (ebd., S. 159) als Preis der Erkenntnis,

> *für immer ausgeschlossen zu bleiben aus der selbstverständlichen Welt (ebd., S. 161),*

entspricht die Sprach- und 'Wirklichkeits'-Skepsis derer, die zeitweilig in anderen, 'wahnsinnigen' Wirklichkeiten gelebt haben. Nichts ist mehr wie zuvor, das Spiel kann so (unbedarft) nicht mehr gespielt werden. Ein ähnliches Befremden hat der Dichter Paul Celan (Künstlername von Paul Anczel) in mehrfacher Hinsicht erfahren. Aufgewachsen in einer deutschsprachigen jüdischen Familie im rumänischen Czernowitz, das nach Kriegsende sowjetisch wurde, begann er 1944 im Alter von 24 Jahren — seine Eltern waren von deutschen Faschisten ermordet worden — als Kulturredakteur bei einer rumänischen Zeitung und schrieb heimlich Gedichte in deutscher Sprache: seiner Muttersprache und der Sprache der Mörder seiner Mutter (s. Dor, S. 281). Die zweite Hälfte seines Lebens verbrachte Celan in Frankreich, 1970 'nahm' er es sich. *Aller* (seiner) *Daten eingedenk* schrieb er als ein Fremder in fremder und doch eigenster Sprache seine Gedichte:

> *Die Aufmerksamkeit, die das Gedicht allem ihm Begegnenden zu widmen versucht, sein schärferer Sinn für das Detail, für Umriß, für Struktur, für Farbe, aber auch für die 'Zuckungen' und die 'Andeutungen', das alles ist, glaube ich, keine Errungenschaft des mit den täglichen perfekteren Apparaten wetteifernden (oder miteifernden) Auges, es ist vielmehr eine aller unserer Daten eingedenk bleibende Konzentration (Celan 2, S. 144).*

Wüste

Franzas Reise *durch eine Krankheit* (Bachmann 1, S. 100) führt sie in

> *die Wüste ... die große Heilanstalt, das große unverlaßbare Purgato-*

rium[1]*, obgleich nach allen Seiten offen ... Die Anstalt hatte sie aufgenommen (ebd., S. 83).*

Die Verwüstung ging weiter. Sie war todkrank (ebd., S. 102).

Sie ist

in dieser einzigen Landschaft, die nichts sagt, die sich nicht ausspricht, über die nichts zu sagen ist (ebd., S. 106).

Alles leer und vorhandener, als was sich für vorhanden ausgibt. Nicht das Nichts, nein die Wüste hat nichts zu tun mit dem er spekulierten Nichts der Lehrstuhlinhaber. Sie entzieht sich der Bestimmung (ebd., S. 83).

Dieser noch unbesetzte Ort,

die Weißen. Hier waren sie endlich nicht mehr (ebd., S. 89),

ist auch der Ort des gleichzeitig Fremden und Ursprünglichen:

Hunger, Durst, wiederentdeckt, die Gefahr, wiederentdeckt, die Ohren, die Augen geschärft auf die Außenwelt gerichtet, das Ziel wiedergewußt. Ein Dach über dem Kopf, ein Nachtlager, Schatten, ein wenig Schatten[2] *(ebd., S. 92).*

An einer wasserlosen Küste gehörte es allen, dieses teure Wasser, und durfte keinem verweigert werden ... Es fiel unter das älteste Gesetz, das nicht verletzt werden durfte ... Du siehst, sagte Franza, es darf auch mir hier etwas nicht verweigert werden. Ich komme zu meinem Recht (ebd., S. 96f.).

Die Wüste ist für Franza auch der Ort, an dem ihr die Augen aufgehen:

Immer leerer werden die Augen, immer aufmerksamer, größer, in der einzigen Landschaft, für die Augen gemacht sind (ebd., S. 93).

Nichts stellt sich dem Blick nach innen, der Erkenntnis, in den Weg,

ich werde ankommen. Ich bin in der großen Gummizelle aus Himmel, Licht und Sand (ebd., S. 84).

Ein anderer Versuch fing an, und den würde sie selber an sich vornehmen (ebd., S. 89).

Aber es ist eine schmerzliche Erkenntnis über ein Leben, das schon verwirkt[3], schon beendet ist.

Nach diesen angedeuteten 'Spiel'arten des Rückzugs aus der Sprache, der

1 purgatio (lat.): die Reinigung; Purgatorium: Fegefeuer, Läuterungsort der abgeschiedenen Seelen

2 Auch Delignys Chance, mit den 'autistischen' Kindern in Kontakt zu kommen, beruht auf dem gemeinsamen Machen der einfachen, existenzerhaltenden Arbeiten.

3 Das Purgatorium, dieser katholische Ort der Buße nach dem Leben, deutet es an.

Gemeinschaft, dem Zeit-gemäßen und dem angestammten Ort bleibt der Eindruck des Verlusts, der Leere, es gibt keinen Halt, An-halt mehr. Wo nichts mehr ist, ist alles möglich. Wo alles möglich ist, geht aber oft nichts mehr. Hier findet sich auch der *virtuelle Punkt der Wahl*, der die

> *Freiheit des Irren ...* (ausmacht), *seine Freiheit aufzugeben und sich an seinen Wahnsinn zu ketten (Foucault 1, S. 540).*

Die verrückte Grenzüberschreitung

Abb. 15:
Frieda Stamm,
Zusammenbruch

Schmerz versetzt Welten[1]

Abbildung 15 wurde von Frieda Stamm zwischen ihrem 62. und 72. Lebensjahr gemalt, einer Frau, für die das heimliche Schreiben und Malen Über-

1 Motto des Buches *KommRum. Der andere Alltag mit Verrückten* von Hans Luger

lebensmöglichkeit war in einer vernichtenden Ehe. Die ver-rückte Behausung der vereinzelten, teils kauernden, teils schon hingestreckten Gestalten bricht ebenso wie diese zusammen. Das unmögliche (Welt-)Bild ist gleichzeitig das einzig mögliche, denn

> *Die Welt des Unglücklichen ist eine andere als die des Glücklichen (Wittgenstein 1, 6.43).*
>
> *— und in ihr Lachen, die Einfallsstelle für die Dekomposition: wer bin ich, woher komme ich, was ist mit mir, was habe ich zu suchen in dieser Wüste, trat, ja trat nicht, da ja nichts eintreten kann, da trat etwas sie nieder und mit ihr das andre, den halben Tod, die halbe Vernunft, das halbe Tier, den halben Menschen, die halben fünf Sinne ..., im Übergang zu etwas nicht Erkennbarem (Bachmann 1, S. 144f.).*

Irrsinn macht Sinn

Unter dieser Prämisse wollte ich hier anreißen, welche Bedeutungen Verrücktheit für die Verrückten selber haben kann. Die gesellschaftliche Funktion, ebenso wie der 'grundlose' Boden, aus dem die Etiketten wuchern, schon im ersten Teil besprochen, sollte hierbei nicht vergessen werden. Spätestens bei der Untergliederung der 'verrückten Grenzüberschreitung' in:
— Prozeß / Reise
— Ringen um Autonomie
— Verweigerung
— Strategie der Bewältigung
— Aufforderung zur Begegnung auf anderem Boden
wurde mir deutlich, daß — auch wenn diese Kategorien ihre Berechtigung haben mögen — ich hierüber nicht schreiben will. All die Erklärungsversuche verrückten Seins sind in den Köpfen der — wenn auch noch so fortschrittlichen — Be-handler entstanden und von diesen wortreich zu Papier gebracht worden. Die 'Sprache der Verrücktheit' spricht nicht von 'Prozeß', 'Bewältigung', 'Begegnung'. Sie spricht, schreit, stammelt, verstummt, lebt in Bildern, Gesten, im Machen jenseits der Worte der Logik. Sie ist im Prozeß, ringt um sich, sie verweigert sich neben der 'Realität' auch sich selber:

Um mich von dem Urteil der anderen zu befreien, habe ich den ganzen Abstand, der mich von mir selber trennt (Artaud 2, S. 42),

sagt Artaud. Mit dem Begriff 'Strategie' wird Verrücktheit diffamiert, und von Bewältigung kann sie, wenn überhaupt, erst viel später von anderem Boden aus sprechen. Sie ist der Schmetterling, der Nachtfalter, für den ich das Netz nicht suchen will.

Ich bin bewohnt von einem Schrei.
Nachts flattert er aus
Und sieht sich, mit seinen Haken, um nach etwas zum
Lieben
(Plath, S. 41),

schreibt Sylvia Plath. Ist das die 'Aufforderung zur Begegnung'?

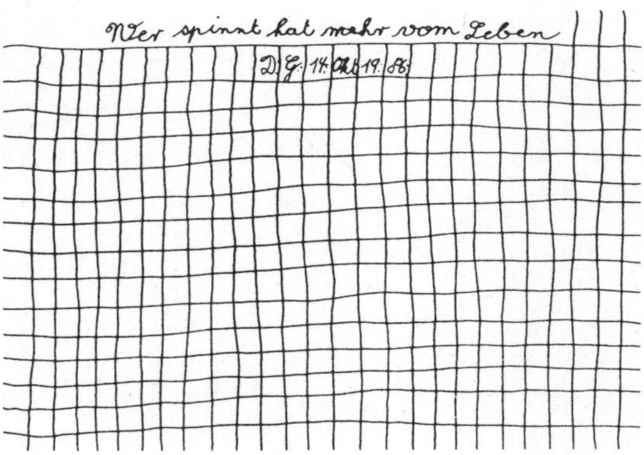

Abb. 16:
Gottfried Dober, 1986

Ich spreche an dieser Stelle — als Konsequenz aus dem Vorangegangenen — auch meiner Sprache die Kompetenz ab und lasse lieber den Anstaltsinsassen Gottfried Dober mit seiner Zeichnung *Wer spinnt hat mehr vom Leben* (s. Abb. 16) sprechen und sein eingegittertes, auf die Initialen und das Datum reduziertes Ich den Titel dabei verhöhnen. Einen Erklärungsversuch der eigenen 'Krankheit' bietet, jenseits psychiatrischer Vokabeln, subjektiv und nur auf den ersten Blick krankheitssystemimmanent[1], die *Allegorie meiner Krankheit* von L. H.:

... IX ergibt sich aus VIIa, es ist die Zwangsklaue, die Angst vor unbekannten Mächten + Ereignissen, der Zwang zu irgendeiner Handlung, selbst wenn mein Inneres sich dagegen sträubte. — X bin ich selbst, als Doppelwesen, ich stehe auf XI dem kurzen acht(8)förmigen labyrinthischen Weg, der

1 L.H.s Erläuterungen zur Zeichnung lassen seine Distanz zum eigenen ' Wahngebäude' erahnen.

> *mich immer wieder auf dieselbe Stelle bringt. Hinter mir der Weg zur Vergangenheit ist nur noch in Abrissen und sehr unklar für mich zu erkennen. Vor mir die furchtbaren Magnete der Hölle ... die mich mit aller Macht anziehen. Die beiden Masken sind der Satan + Comp. (Sitz des Geheimbundes), welche ihr Spiel mit mir treiben. Die Magnete bedeuten die furchtbaren Kräfte-Entfaltungen des Lasters, des Selbstmordes, der Verzweiflung, des Verbrechens und aller widersinnigen Handlungen, die trotz meines Gegensträubens so wuchtig auf mich einwirken, daß mein geringer Prozentsatz Denkvermögen — Widerstandskraft ohnmächtig vergewaltigt wird ... Ich bitte um Interesse, nicht nur für meine Krankheit, sondern auch für mein Gesunden (zit.n. Prinzhornsammlung, S. 132).*

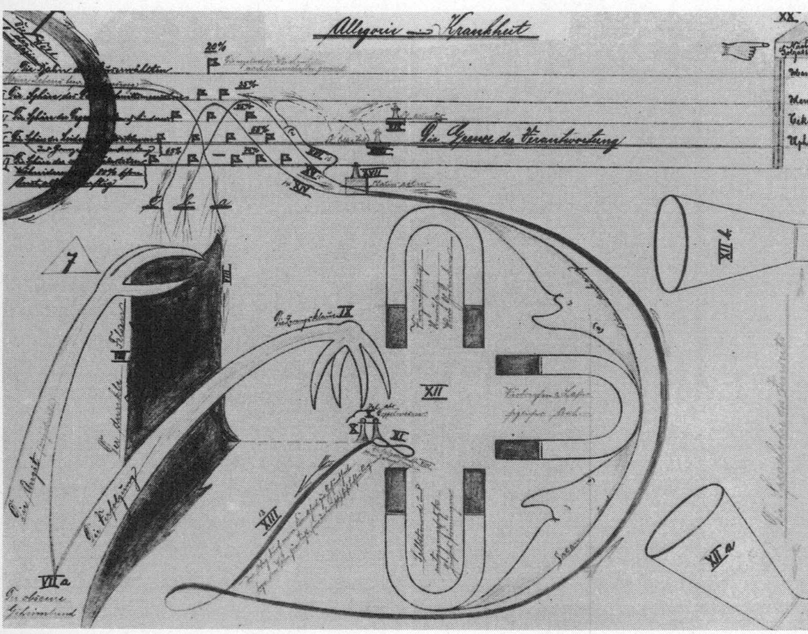

Abb. 17:
L. H., *Allegorie meiner Krankheit*

Muschg sieht die 'Krankheit' als

> *unersetzlichen Nothelfer gegen eine größere Not, der sie einen Riegel vorschiebt — und der durch ein anderes Heilmittel nicht beizukommen war*

... Die Krankheit als Heilmittel: adäquat wird man diesen Selbstschutz auch im Fall seiner Wirksamkeit nicht nennen ... Zum Kunstwerk Krankheit gehört schon der Widerstand gegen die Heilung, sozial gesprochen: gegen den Arzt. An dieser Krankheit ist etwas Gesundes, das wir uns nicht nehmen lassen: sie ist nicht nur Lüge, sondern auch Sprache, ja Geständnis. Der Kranke wehrt sich dagegen, daß ihm das Wort verboten, daß es mit einem Sprichwort oder einem Valium zum Schweigen gebracht wird. Nicht anders in der Kunst. Dem Manöver, der Vortäuschung, der Fiktion steht im Kunstwerk ein Moment der Revolte, des Aufbegehrens gegenüber, und nicht nur 'gegenüber' — in ihrem unentwirrbaren Zusammenhang erst machen beide Komponenten die Wahrheit, sprich: Glaubwürdigkeit des Kunstwerks aus (Muschg, S. 123ff.).

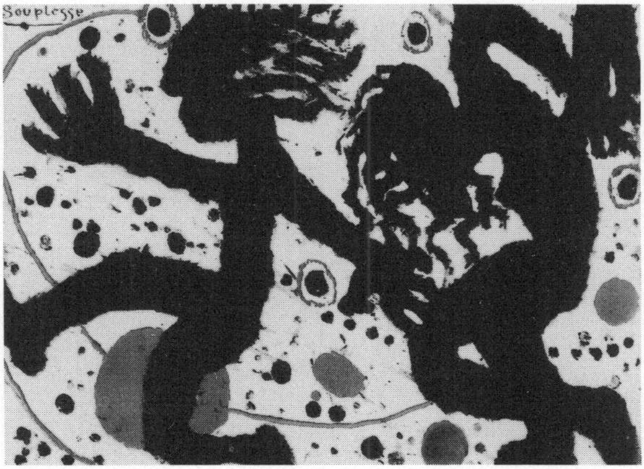

Abb. 18:
Louis Soutter, *Souplesse*

Zum Schluß das doppelte 'Nein' Franzas und des 'Stummen':

Ihr Denken riß ab, und dann schlug sie, schlug mit der ganzen Kraft, ihren Kopf gegen die Wand in Wien und die Steinquader in Gizeh und sagte laut, und da war ihre andere Stimme: Nein. Nein. (Bachmann 1, S. 135)

Franzas Nein, *laut* und mit der anderen Stimme ungehört in der Leere der Wüste und hinter der gewaltigen Pyramide, bringt ihr den Tod.

Ganz anders das Nein des 'Stummen' aus dem Roman *Landläufiger Tod* von Gerhard Roth:

Draußen stand ein Gendarm mit einer Fotografie und fragte den Zirkusdirektor, auf das Bild zeigend, ob er diesen Mann, einen Stummen, der aus der Anstalt geflohen sei, kenne. Noch bevor der Zirkusdirektor Gelegenheit hatte zu widersprechen, beugte ich mich über das Bild und sagte: 'Nein!' (Roth, S. 784)

Das Nein des 'Stummen' verneint sein Stummsein und damit die Kenntnis des Zirkusdirektors von seiner wahren Person. Es gibt dem 'Stummen', vom Gendarmen bis dahin nicht wahrgenommen, durch das Lautwerden außerhalb der Anstalt wieder eine sicht- und hörbare Existenz.

Schlußbemerkung

Auf die Psychiatrie bezogen ist die Konsequenz aus dem Vorangegangenen, um es mit Cooper deutlich zu sagen,

> *die Herausnahme der Verrücktheit aus jeglichem klinischen Kontext (Cooper 2, S. 36),*

denn:

> *Der einzige 'Mißbrauch' der Psychiatrie, der abgeschafft werden muß, ist ihr Ge-brauch! (ebd., S. 171)*

Mit der Ausgrenzung von Verrücktheit, wie von Geburt, Sterben, Altern, beschneidet die Gesellschaft ihre eigene Vitalität. Die Gesellschaft — das sind aber viele Einzelne, die sich (wenn auch 'aus gutem Grund') der möglichen Spannweite ihres Lebens und Erlebens berauben. Wo es gewagt wird, den Radius des Denk-, Sag- und Machbaren zu erweitern, da erhält der eigene Lebensraum mehr Spiel.

Es geht nicht so sehr um Antworten, eher darum, Fragen zuzulassen und aus der Fragwürdigkeit dessen, was ist, ein Interesse an dem möglichen anderen zu gewinnen. Das Verrückte, scheinbar Irrationale, ist dann nicht mehr das gefährliche Andere, das ausgegrenzt und pharmakologisch zur Strecke gebracht werden muß. Es wäre nicht länger die bedauerliche Abirrung besonders sensibler Naturen, denen sich ganze Berufsstände helfend widmen, um ihnen mehr oder weniger behutsam den Rückweg in die eingrenzende Normalität zu ebnen. Vielmehr wäre das Verrückte für alle ein wichtiger und ergiebiger Hinweis auf bisher ungeahnte Entfaltungsmöglichkeiten. Die nicht mehr ein- und auch nicht ausgeschlossenen Extreme spiegelten die höheren sozialen Freiheitsgrade wider; die Sprache der Verrücktheit wäre immer weniger zur Überzeichnung gezwungen, denn wo die Schwerhörigkeit des Gegenübers schwindet, kommen auch Zwischentöne an.

Nachwort

Kerstin Kempker schreibt über Verrücktheit aus der Distanz der verständigen und Anteil nehmenden Beobachterin, die um die Zerbrechlichkeit und Rätselhaftigkeit der verrückten Phänomene weiß. Sachkundig 'entfremdet' sie die gewohnte Betrachtung dessen, was als verrückt erscheint, 'zur Kenntlichkeit'.

Fraglos und ganz von selbst teilen wir die ursprüngliche und alltägliche Form des Sprechens miteinander, doch nur solange, bis sich in ihrem scheinbar so vertrauten Gewand etwas zu Wort meldet, das über sie hinausreicht und hinter sie zurück will, als Sprache der Verrücktheit, die das bislang von allen geteilte und von ihr plötzlich zerteilte Sprechen zu einer Antwort herausfordert. Diese kann sehr unterschiedlich ausfallen: irritiert oder interessiert, erschrocken oder inspiriert, verbissen oder aufhorchend, voller Angst und Haß oder in einer Mischung aus Humor, Verwunderung und einfühlender Toleranz.

Im Ordnung erzwingenden Blick der Psychiatrie ist das erst im Entstehen begriffene, wundersame Gewächs des verrückten Sprechens immer schon ein zu vertilgendes Unkraut. Neuroleptika sind das 'Agent Orange' im Dschungelkrieg der Supermacht 'Normalität' gegen die merkwürdigen und vaterlandslosen Partisanen, die in den Rissen des mühsam zementierten Fundaments einer bestehenden Ordnung die lästige Arbeit der Ver-rückung leisten. Der Unfug der 'Idioten', all jener ganz und gar Eigentümlichen, die in einem 'Idiom', einer Eigensprache, scheinbar nur sich selber etwas erzählen, erweist die vermeintlich so glatten Fugen, an denen sich das allen Gemeinsame zum Gesetz verfestigt, als brüchige und grob zugeschüttete Spalten und Verwerfungen. Das aber ist nicht nur für die Verrückten allein gefährlich, sondern auch für alle anderen. Und es bedarf der Mobilisierung einer ganzen als Wissenschaft getarnten Disziplin, einer medizinischen Armee, um dieser Gefahr zu trotzen.

Eindringlich läßt Kerstin Kempker im ersten Teil ihres Buches meist die Psychiatrie selbst beschreiben, wie es an dieser Front zugeht. Ein selbstentlarvender Lagebericht eines mit wissenschaftlichen Versatzstücken hochgerüsteten 'Grenzschutzes'. Sprache erweist sich hier als eine Technik der Macht, die als Instrument der Unterdrückung eine Ordnung stabilisiert. Ihr antwortet allenfalls Schweigen.

Im zweiten Teil ihres Textes folgt die Autorin der Sprache ins 'Niemandsland', ein augenscheinlich paradoxes Unterfangen. Doch bereichert um die

bittere Kenntnis der psychiatrischen Tilgungsstrategien, gibt das aus höchst verschiedenartigen Elementen gewobene Textgefüge der Versuchung nicht nach, einen eigenen Standort in der Welt zu inszenieren, in den Wissenschaften, in den Bibliotheken, im literarischen Getriebe, in der politischen Opposition oder gar in den 'authentischen' Sprachzeugnissen der Verrückten. Die Autorin zeigt, wie Sprache im Prozeß des Schreibens vor dem Hintergrund der Verrücktheit über sich hinausweisen kann.
Dabei wird das selbst wiederum literarische Mittel der Montage von sehr verschiedenartigen Zitaten aus wissenschaftlichen, philosophischen, lyrischen und epischen Texten zu einer Technik, die Ohnmacht der Sprache der Verrücktheit zu überlisten: Zwar spricht nicht die Verrücktheit selbst, doch spiegelt die facettenreiche Konstellation des fragmentarisch Zitierten die Struktur der gleichzeitigen Verdichtung und Entkopplung von gewohnten Sprachmustern, die auch der Sprache der Verrücktheit zugrunde liegen.
Wer zitiert, gibt anderen das Wort. Wer, wie Kerstin Kempker, aus einer großen Anzahl verschiedenartiger Quellen so zitiert, daß die vielen Textabschnitte miteinander ins Gespräch geraten und sich zu einem atonalen Chor verbinden, nutzt die Kunst der Montage, um sonst nur getrennt wahrgenommene Diskurse aufeinander zu beziehen. Durch den auf diese Weise sichtbar gemachten Abstand zwischen den Büchern, Kapiteln, Zeilen, Wörtern und Buchstaben wird dem Raum gegeben, was in der ausdifferenzierten Dichte dessen, was ist, weil es akzeptiert ist, weder gesehen noch gehört werden kann.
Die Qualität des Textes beruht nicht darin, Unbekanntes zu erforschen und exakter zu benennen, sondern umgekehrt darin, Bekanntes, in dessen Namen die allgemeingültige Auffassung von Wirklichkeit alles Andere denunziert, wieder in Richtung auf die Namenlosigkeit zu öffnen, aus der das scheinbar Objektive selbst einmal entstanden ist. Es geht nicht darum, Erkenntnis an die Stelle von Unkenntnis zu setzen, sondern darum, das 'Selbstverständliche' an die Fragen rückzukoppeln, denen es sein Dasein verdankt, es frag-würdig zu machen.

Berlin, im Dezember 1990
Thilo von Trotha

Abbildungen

Abb. 3: Aus einer Saroten-Werbeanzeige der Herstellerfirma. In: Nervenarzt, 61. Jg. (1990), Nr. 2, S. A121
Abb. 4: Sandoz Pharmaceuticals. In: American Journal of Psychiatry, Vol. 121 (1964), Nr. 5, S. XXXVIII
Abb. 5: Dapotum-Werbeanzeige der Herstellerfirma Squibb AG. In: Nervenarzt, 40. Jg. (1969), Nr. 10, S. A7
Abb. 6: In: Frank, S. 108
Abb. 7: Melleril-Werbeanzeige der Herstellerfirma Sandoz Products Limited. In: British Journal of Psychiatry, Vol. 114 (1968), Nr. 514, nach S. 1132
Abb. 9: In: Prinzhornsammlung, S. 112
Abb. 10: In: Duerr, S. 57
Abb. 11: In: Bader, S. 133
Abb. 12: In: Prinzhornsammlung, S. 278
Abb. 13: In: Deligny, S. 90
Abb. 14: ebd., S. 94
Abb. 15: In: Kunstforum International, S. 243
Abb. 16: ebd., S. 176
Abb. 17: In: Prinzhornsammlung, S. 132
Abb. 18: In: Kunstforum International, S. 206

Literatur

Anz, Thomas (1): Gesund oder krank? Medizin, Moral und Ästhetik in der deutschen Gegenwartsliteratur. Stuttgart 1989

Anz, Thomas (2): Phantasien über den Wahnsinn. Expressionistische Texte. München 1980

Arnold, Heinz Ludwig (Hg.): Ingeborg Bachmann. Sonderband. München 1984

Artaud, Antonin (1): Surrealistische Texte. Briefe. München 1985

Artaud, Antonin (2): Frühe Schriften. München 1983

Artaud, Antonin (3): Van Gogh, der Selbstmörder durch die Gesellschaft. Und Texte über Baudelaire, Coleridge, Lautreamont und Gerard de Nerval. München 1988

Bachmann, Ingeborg (1): Der Fall Franza. Requiem für Fanny Goldmann. München 1981

Bachmann, Ingeborg (2): Frankfurter Vorlesungen: Probleme zeitgenössischer Dichtung. München / Zürich 1984

Bachmann, Ingeborg (3): Anrufung des Großen Bären. München 1977

Bachmann, Ingeborg (4): Die Wahrheit ist dem Menschen zumutbar. Essays, Reden, kleinere Schriften. München 1981

Bachmann, Ingeborg (5): Liebe: Dunkler Erdteil. Gedichte aus den Jahren 1942 - 1967. München / Zürich 1988

Bader, Alfred: Kreativität und Wahnsinn. In: Kunstforum International (Köln), Bd. 101 (Juni 1989), S. 127 - 134

Basaglia-Ongaro, Franca: Gesundheit, Krankheit, das Elend der Medizin. Frankfurt am Main 1985

Beckett, Samuel: Werkausgabe in zehn Bänden. Frankfurt am Main 1976

Benedetti, Gaetano: Todeslandschaften der Seele. Psychopathologie, Psychodynamik und Psychotherapie der Schizophrenie. Göttingen 1983

Bleuler, Eugen: Lehrbuch der Psychiatrie. Berlin 1916

Breggin, Peter R.: Elektroschock ist keine Therapie. München 1980 (seit 1988 im Peter Lehmann Antipsychiatrieverlag Berlin)

Buber, Martin: Ich und Du. 9. Auflage. Heidelberg 1977

Celan, Paul (1): Gedichte II. Frankfurt am Main 1979

Celan, Paul (2): Ausgewählte Gedichte. Zwei Reden. Frankfurt am Main 1968

Cooper, David (1): Psychiatrie und Anti-Psychiatrie. Frankfurt am Main 1971

Cooper, David (2): Die Sprache der Verrücktheit. Erkundungen ins Hinterland der Revolution. Berlin 1978

Degen, Rolf: Der Folterknecht in jedermann. In: Die Zeit (Hamburg), 44. Jg. (1989), 15. September, S. 84

Deleuze, Gilles / Guattari, Felix: Kleine Schriften. Berlin 1980

Deligny, Fernand: Ein Floß in den Bergen. Neben Kindern leben, die nicht sprechen. Chronik eines Versuchs. Berlin 1980

Diagnosenschlüssel und Glossar psychiatrischer Krankheiten. 5., nach der 9. Revision der ICD korrigierte Auflage (Stand: Herbst 1979). Hg. von Rudolf Degkwitz u.a.. Berlin / Heidelberg / New York 1980

Dörner, Klaus / Plog, Ursula: Irren ist menschlich. Lehrbuch der Psychiatrie / Psychotherapie. Völlig neubearbeitete Ausgabe. 3. Auflage. Bonn 1986

Dor, Milo: Paul Celan. In: Dietlind Meinecke (Hg.): Über Paul Celan. 2., erweiterte Auflage. Frankfurt am Main 1973, S. 281 - 285

Duerr, Hans Peter: Traumzeit. Über die Grenze zwischen Wildnis und Zivilisation. Frankfurt am Main 1982

Fischer Lexikon Psychologie. Hg. von Peter R. Hofstätter. Neuausgabe. Frankfurt am Main 1972

Foucault, Michel (1): Wahnsinn und Gesellschaft. Eine Geschichte des Wahns im Zeitalter der Vernunft. Frankfurt am Main 1977

Foucault, Michel (2): Psychologie und Geisteskrankheit. Frankfurt am Main 1968

Foudraine, Jan: Wer ist aus Holz? Neue Wege der Psychiatrie. München 1976

Frank, Leonard Roy: The History of Shock Treatment. San Francisco 1978

Gentis, Roger: Das Phantasma der Mauern: Insassen als Anstaltsbenutzer. In: Wambach / Hellerich / Reichel (Hgg.), S. 79 - 94

Gesetz für psychisch Kranke (PsychKG). Hg. vom Senator für Gesundheit und Soziales (veröffentlicht am 20.3.1985 im Gesetz- und Verordnungsblatt, Nr. 17, S. 586). Berlin 1985

Goethe, Johann Wolfgang: Torquato Tasso. Ein Schauspiel. Stuttgart 1975

Goetz, Rainald: Irre. Roman. Frankfurt am Main 1983

Goffman, Erving (1): Asyle. Über die soziale Situation psychiatrischer Patienten und anderer Insassen. Frankfurt am Main 1977

Goffman, Erving (2): Stigma. Über Techniken der Bewältigung beschädigter Identität. Frankfurt am Main 1975

Gorsen, Peter: Literatur und Psychopathologie heute. Zur Genealogie der grenzüberschreitenden bürgerlichen Ästhetik. In: Kudszus (Hg.), S. 13 - 68

Gruen, Arno: Der Wahnsinn der Normalität. Realismus als Krankheit: eine grundlegende Theorie zur menschlichen Destruktivität. München 1989
Heimann, Hans: Diskussionsbemerkung. In: Hippius / Klein (Hgg.), S. 148
Hippius, Hanns / Klein, H. E. (Hgg.): Therapie mit Neuroleptika. Erlangen 1983
Hofmannsthal, Hugo von: Erzählungen. Frankfurt am Main 1986.
Jaccard, Roland: Der Wahnsinn. Frankfurt am Main 1983
Jervis, Giovanni: Kritisches Handbuch der Psychiatrie. Frankfurt am Main 1978
Kapralik, Elena: Selbstmörder durch die Gesellschaft. In: Artaud (3), S. 127 - 149
Kluge, Friedrich: Etymologisches Wörterbuch der deutschen Sprache. 9. Auflage. Berlin 1963
Kollmann, Karl / Mattheus, Bernd: Briefe über die Sprache. München 1977
Kraepelin, Emil (1): Einführung in die psychiatrische Klinik. 3. Auflage. Leipzig 1916
Kraepelin, Emil (2): Hundert Jahre Psychiatrie. In: Zeitschrift für die gesamte Neurologie und Psychiatrie, Band 38 (1918), S. 161 - 275
Kudszus, Winfried (Hg.): Literatur und Schizophrenie: Theorie und Interpretation eines Grenzgebiets. Tübingen 1977
Kunstforum International (Köln): Bild und Seele. Über Art Brut und Outsider-Kunst. Bd. 101 (Juni 1989)
Laing, Ronald D. (1): Das geteilte Selbst. Eine existentielle Studie über geistige Gesundheit und Wahnsinn. Hamburg 1977
Laing, Ronald D. (2): Knoten. Hamburg 1982
Lehmann, Peter (1): Der chemische Knebel. Warum Psychiater Neuroleptika verabreichen. 2., verbesserte und aktualisierte Auflage. Berlin 1990
Lehmann, Peter (2): Gemeindepsychiatrische Wirklichkeit. Kritik der modernen Sozialpsychiatrie. In: Störfaktor (Wien), 3. Jg. (1989), Heft 9/10, Nr. 1, S. 6 - 18
Luger, Hans: KommRum. Der andere Alltag mit Verrückten. Bonn 1989
Mehr, Mariella: Steinzeit. Roman. Bern 1982
Möller, H. J.: Diskussionsbemerkung. In: Hippius / Klein (Hgg.), S. 231 - 232
Muschg, Adolf: Literatur als Therapie? Ein Exkurs über das Heilsame und das Unheilbare. Frankfurter Vorlesungen. Frankfurt am Main 1982
Musil, Robert: Der Mann ohne Eigenschaften. Sonderausgabe. Hamburg 1974
Navratil, Leo (1): Schizophrenie und Sprache. Zur Psychologie der Dichtung. München 1968

Navratil, Leo (2): Gespräche mit Schizophrenen. München 1978
Pascal, Blaise: Pensées. 3., erweiterte Auflage. Heidelberg 1946
Pietzcker, Adolf / Helmchen, Hanfried: Die Stellung der Neuroleptika im Gesamtbehandlungsplan schizophrener Psychosen. In: Hippius / Klein (Hgg.), S. 214 - 230
Plath, Sylvia: Ariel. Frankfurt am Main 1977
Pohlmeier, Hermann / Schmidtke, A. / Welz, R. (Hgg.): Suizidales Verhalten. Methodenprobleme und Erklärungsansätze. München 1983
Die Prinzhornsammlung. Hg. von Hans Gercke / Inge Jarchov. Königstein im Taunus 1980
Reichel, Wolfgang: Zwischen Polizeigriff und Hilfeleistung: Das Recht im Transformationsprozeß. In: Wambach / Hellerich / Reichel (Hgg.), S. 271 - 309
Rosenhan, David L.: Gesund in kranker Umgebung. In: Watzlawick (4), S. 111 - 137
Roth, Gerhard: Landläufiger Tod. Frankfurt am Main 1988
Ruckstuhl, Urs: Einspruch: 10 Thesen gegen Neuroleptika. In: Pro Mente Sana Aktuell (Weinfelden / Schweiz), 1988, Nr. 3, S. 29 - 33
Rufer, Marc (1): Irrsinn Psychiatrie. Psychisches Leiden ist keine Krankheit. Die Medizinalisierung abweichenden Verhaltens — ein Irrweg. Bern / Bonn 1988
Rufer, Marc (2): 'Schizophrene', die hochdosiert Neuroleptika erhalten, begehen vermehrt Selbstmord. In: Pro Mente Sana Aktuell (Weinfelden / Schweiz), 1988, Nr. 3, S. 34
Scheff, Thomas J.: Das Etikett 'Geisteskrankheit'. Soziale Interaktion und psychische Störung. Frankfurt am Main 1973
Schuller, Marianne: Wider den Bedeutungswahn. Zum Verfahren der Dekomposition in 'Der Fall Franza'. In: Arnold (Hg.), S. 150 - 155
Seeler, W.: Diskussionsbemerkung. In: Hippius / Klein (Hgg.), S. 140
Seelig, Carl: Wanderungen mit Robert Walser. Leipzig 1989
Stöckle, Tina: Die Irren-Offensive. Erfahrungen einer Selbsthilfe-Organisation von Psychiatrieopfern. Frankfurt am Main 1983
Strauss, Anselm: Spiegel und Masken. Die Suche nach Identität. Frankfurt am Main 1974
Szasz, Thomas S.: Schizophrenie. Das heilige Symbol der Psychiatrie. Frankfurt am Main 1982
Trunk, Lisa: 'Ist die etwa pflegebedürftig?', in: Stern, 44. Jg. (1991), Nr. 4, S. 132 - 133
Vogt, Walter (1): Die Schizophrenie der Kunst. Eine Rede. In: Kudszus (Hg.), S. 164 - 176

Vogt, Walter (2): Der Vogel auf dem Tisch. Kurzroman. Zürich 1978
Wagner, Friedrich W.: Irrenhaus. Ein Cyclus von 20 Gedichten. Hannover 1920
Walser, Robert: Das Gesamtwerk in 12 Bänden. Frankfurt am Main 1978
Wambach, Manfred M. / Hellerich, Gert / Reichel, Wolfgang (Hgg.): Die Museen des Wahnsinns und die Zukunft der Psychiatrie. Frankfurt am Main 1980
Watzlawick, Paul u.a. (1): Menschliche Kommunikation: Formen, Störungen, Paradoxien. Bern 1985
Watzlawick, Paul (2): Vom Schlechten des Guten oder Hekates Lösungen. München 1986
Watzlawick, Paul (3): Wie wirklich ist die Wirklichkeit? Wahn, Täuschung, Verstehen. Neuausgabe. München 1983
Watzlawick, Paul (Hg.) (4): Die erfundene Wirklichkeit. Wie wissen wir, was wir zu wissen glauben? Beiträge zum Konstruktivismus. München 1981
Watzlawick, Paul (5): Ist Psychotherapie, was wir Psychotherapie nennen? In: Psychotherapie. Psychosomatik. Medizinische Psychologie (Stuttgart), 39. Jg. (1989), Nr. 9/10, S. 323 - 327
Weigel, Sigrid: 'Ein Ende mit der Schrift. Ein andrer Anfang: Zur Entwicklung von Ingeborg Bachmanns Schreibweise. In: Arnold (Hg.), S. 58 - 92
Werfel, Franz: Aphorismus zu diesem Jahr. In: Die Aktion, 4. Jg. (1914)
Westhoff, Justin: Beruhigungspillen für Krieg und Krisen. In: Tagesspiegel (Berlin), 1.11.1989, S. 25
Wittgenstein, Ludwig (1): Tractatus logico-philosophicus. Logisch-philosophische Abhandlung. Frankfurt am Main 1982
Wittgenstein, Ludwig (2): Philosophische Untersuchungen. Frankfurt am Main 1971
Zürn, Unica: Der Mann im Jasmin. Eindrücke aus einer Geisteskrankheit. Frankfurt am Main 1977

Aus dem Peter Lehmann Antipsychiatrieverlag

Neuerscheinung Juni 1991
kartoniert, 192 S.
DM 27,00
ISBN 3-925931-05-8

Zum Inhalt:
Täglich laufen Menschen aus psychiatrischen Anstalten weg. Sie flüchten vor der Behandlung mit psychiatrischen Psychopharmaka und Elektroschocks, vor Fixierung und demütigender Behandlung.
In Holland dienen sogenannte Weglaufhäuser — vergleichbar mit den Frauenhäusern — als Zufluchtsorte für die Weggelaufenen.
Die Psychologin Uta Wehde berichtet über ihre Beobachtungen in einem holländischen Weglaufhaus, diskutiert diese vor dem Hintergrund anderer Alternativen zur Psychiatrie und zieht Konsequenzen für die konzeptionelle Gestaltung des ersten deutschen Weglaufhauses in Berlin. Hier sollen die Weggelaufenen juristische, soziale, psychologische und medizinische Unterstützung sowie Hilfe beim Entzug von Psychopharmaka erhalten.
»Menschenrechtsverletzungen und Unterdrückung können beendet werden. Jeder Versuch, den Menschen zu zerstören, kann abgewehrt werden — auch die Psychiatrie. Keine Form von Zwang und Kontrolle, ob unmittelbar oder verinnerlicht, kann ewig bestehen. In der DDR kam der erste Hoffnungsschimmer der Freiheit, als ein paar mutige Menschen tatsächlich wegliefen. Die Macht des Weglaufens ist immens. Uta Wehde zeigt uns, daß dies auch im Bereich der Psychiatrie möglich ist und daß die Mauern dieser maroden Institution ebenfalls eingerissen werden können.«
Jeffrey M. Masson,
Berkeley (Kalifornien),
ehemaliger Direktor des Sigmund-Freud-Archivs
und Psychoanalytiker

Aus dem Peter Lehmann Antipsychiatrieverlag

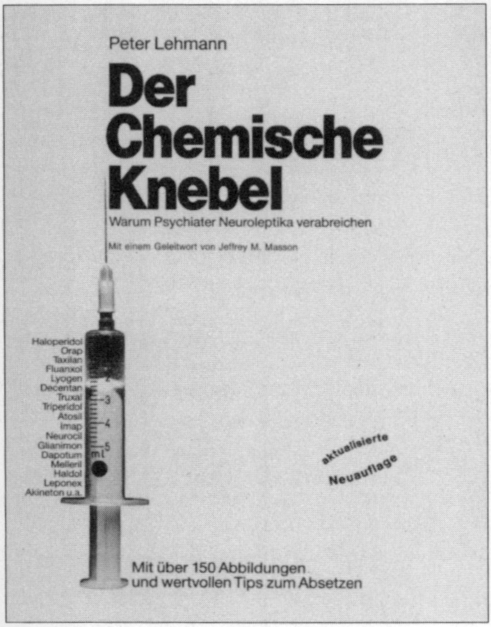

2., verbesserte
& aktualisierte Auflage
Berlin 1990
kartoniert, 446 S.
DM 29,80
ISBN 3-925931-03-1

Von Asthma bis Schizophrenie, von Bettnässen bis Neurose, von Juckreiz bis Depression gibt es kaum eine Diagnose, die nicht den Einsatz von Neuroleptika nach sich ziehen kann.
Dabei bestehen die 'Nebenwirkungen' dieser psychiatrischen Medikamente aus schweren körperlichen, geistigen und psychischen Schäden (z.B. Schüttellähmung, Herzstillstand, Impotenz, Krebs, Zahnausfall, Selbsttötung usw.). In diesem Buch deckt Peter Lehmann auf, was Psychiater vor den Betroffenen, ihren Angehörigen sowie der interessierten Öffentlichkeit verbergen.

»Ich habe durch dieses Buch mehr über die geheime, innere Arbeitsweise der Psychiatrie gelernt als zuvor in zehn Jahren psychoanalytischer Ausbildung. Nach einer persönlichen Analyse und verschiedenen anderen Psychotherapien war das Lesen dieses Buches die beste Therapie, die ich je erlebte.« (Aus dem Geleitwort von Jeffrey M. Masson)

Stimmen zum Chemischen Knebel

★ »Peter Lehmann hat es mit seinem erfrischenden, antipsychiatrischen Stil geschafft, die sonst nur in Medizin-Chinesisch artikulierten Vorgänge in gut lesbares Deutsch zu übersetzen und in eine auch für Laien spannende Lektüre zu verwandeln.« (*TIP — Berlin-Magazin*)

★ »Äußerst nützlich und wichtig sind im Anhang des Buches die Tips zum Absetzen der Neuroleptika. Lehmanns Buch ist ein notwendiges, aber auch ein trauriges Buch, ein Buch, das für Laien und Fachleute zur Pflichtlektüre erklärt werden sollte. Im deutschen Sprachraum, ja sogar weltweit, fehlte ein Buch mit dieser Fülle von verständlich dargestellter Information.« (Dr. med. Marc Rufer, Zürich)

★ »Mich beeindrucken am 'Chemischen Knebel' v.a. die umfangreichen Recherchen, die Genauigkeit der Analysen... « (Hubert Lobnig, *Störfaktor*, Österreich)

★ »Nichts für Psychiater mit schwachen Nerven. Hier ist ein Buch geschrieben über Psychopharmaka, geschrieben von einem, der sich wirklich damit auskennt. Er kennt mehr Fachliteratur als die meisten Psychiater, aufstrebende Assistenzärzte an Universitätskliniken eingeschlossen. Sein Engagement, wurzelnd in der Erfahrung am eigenen Leib, ist auf ganz andere Art ernst zu nehmen als jede Menge 'Engagement im wohlverstandenen Interesse der uns anvertrauten psychisch Kranken'.« (Dr. med. Carola Burkhardt, Psychiaterin, *Zeitschrift zur Antipsychiatrie* und *Soziale Psychiatrie*)

★ »...ein profundes Nachschlagewerk.« (Gerald Schmidt, *Pro Mente Sana Aktuell*, Schweiz)

★ »Lehmanns Chemischer Knebel ist ein wichtiges Buch, ein schwer verdaulicher Brocken, der vielen von uns schwer im Magen liegt... Im übrigen kommen wir gar nicht umhin, uns mit dem Chemischen Knebel auseinanderzusetzen. In den vier Jahren seit Erscheinen der ersten Auflage ist er zur Berufungsinstanz für viele unserer Patienten, ihrer Angehörigen und für viele Kritiker geworden... Ich stehe nicht an zuzugeben, daß Lehmanns Knebel neben Benkerts und Hippius' Psychiatrischer Psychopharmakopsychiatrie auf meinem Schreibtisch steht. Peter Lehmann mag ob dieser Nachbarschaft grausen. Lehmanns Buch ist eine Fundgrube für unerwünschte Neuroleptika-Nebenwirkungen. Selbst der Kundige kommt aus dem Staunen nicht heraus.« (Asmus Finzen, Psychiater, *Dr. med. Mabuse — Zeitschrift im Gesundheitswesen*)

★ »Mit seinem Buch hat Peter Lehmann die herrschende Psychiatrie vor unabsehbare Legitimationsprobleme gestellt. Der Text ist wissenschaftlich so exakt gearbeitet, daß ihm Seriosität und Kompetenz nicht abgesprochen werden können. Deshalb gerät die Psychiatrie in eine Zwickmühle: Einerseits hat sie Neuroleptika immer lauthals als medizinischen Fortschritt gefeiert, andererseits kann die Psychiatrie Lehmann schon deshalb nicht widerlegen, weil er anhand ihrer eigenen Publikationen nachweist, dass das Neuroleptikum in erster Linie eine menschenverachtende, im Extremfall menschenvernichtende Waffe ist, mit der nicht-ordnungsgemäß funktionierende Menschen neutralisiert werden.« (Fredi Lerch, *Widerspruch*, Schweiz)

So erhalten Sie die Bücher des Peter Lehmann Antipsychiatrieverlags

Sie können die Bücher direkt beim Verlag bestellen durch Vorabüberweisung von

- DM 29,80 für Peter Lehmann: »Der chemische Knebel«
- DM 27,00 für Uta Wehde: »Das Weglaufhaus«
- DM 19,80 für Kerstin Kempker: »Teure Verständnislosigkeit«

an den Peter Lehmann Antipsychiatrieverlag Berlin, Postgirokonto 8929-104 Berlin (BLZ 100 100 10). Die Gutschrift auf das Konto gilt als Bestellung. Bitte geben Sie Ihre vollständige Anschrift gut lesbar auf dem Lastschriftzettel an. Nach Eingang der Überweisung erhalten Sie die gewünschten Bücher porto- und versandkostenfrei zugesandt.

Sämtliche Bücher des Peter Lehmann Antipsychiatrieverlags erhalten Sie auch in Ihrer Buchhandlung.

☛ Hinweis an Buchhändlerinnen und Buchhändler:

Die Auslieferung des Peter Lehmann Antipsychiatrieverlags übernimmt Rotation, Berlin.

Auslieferung in der Schweiz: Impressum, Schaffhausen.

Auslieferung in Österreich: Winter, Wien.